Katharina Zander

Gesundheitsorientierte Führung

Der Einfluss der Führungskultur auf die Gesundheit der Mitarbeiter

igel
Verlag
RWS

Zander, Katharina: Gesundheitsorientierte Führung: Der Einfluss der Führungskultur auf die Gesundheit der Mitarbeiter, Hamburg, Igel Verlag RWS 2015

Buch-ISBN: 978-3-95485-303-8
PDF-eBook-ISBN: 978-3-95485-803-3
Druck/Herstellung: Igel Verlag RWS, Hamburg, 2015
Coverbild: © momius / Fotolia.com

Bibliografische Information der Deutschen Nationalbibliothek:
Die Deutsche Nationalbibliothek verzeichnet diese Publikation in der Deutschen Nationalbibliografie; detaillierte bibliografische Daten sind im Internet über http://dnb.d-nb.de abrufbar.

© Igel Verlag RWS, Imprint der Diplomica Verlag GmbH
Hermannstal 119k, 22119 Hamburg
http://www.diplomica.de, Hamburg 2015
Printed in Germany

Inhaltsverzeichnis

Abkürzungsverzeichnis

ArbSchG	Arbeitsschutzgesetz
BAuA	Bundesanstalt für Arbeitsschutz und Arbeitsmedizin
BEM	Betriebliches Eingliederungsmanagement
BetrVG	Betriebsverfassungsgesetz
BGF	Betriebliche Gesundheitsförderung
BGM	Betriebliches Gesundheitsmanagement
BIBB	Bundesinstitut für Berufsbildung
BMAS	Bundesministerium für Arbeit und Soziales
BMBF	Bundesministerium für Bildung und Forschung
BPtK	Bundespsychotherapeutenkammer
BZgA	Bundeszentrale für gesundheitliche Aufklärung
DBVC	Deutscher Bundesverband Coaching e.V.
DGUV	Deutsche Gesetzliche Unfallversicherung
EWG	Europäische Wirtschaftsgemeinschaft
GEFA	Gesundheits- und Entwicklungsförderliche Führungsverhaltensanalyse
GesiMa	Gesundheitskompetenz im Markt
HoL	Health-oriented Leadership
SGB	Sozialgesetzbuch
SOC	sense of coherence
UK PT	Unfallkasse Post und Telekom
WHO	World Health Organization

Darstellungsverzeichnis

1 Einleitung

„Gesundheit ist mehr als das fehlerfreie Funktionieren des Körpers.
Gesundheitsmanagement ist mehr als die Finanzierung einer Rückenschule."[1]

Vor dem Hintergrund steigender Leistungsanforderungen, alternder Belegschaften und der Zunahme psychischer Belastungen gewinnt Gesundheit an Relevanz für die Wettbewerbsfähigkeit der Unternehmen. Der Unternehmenserfolg hängt vorrangig von der Leistungsfähigkeit und -bereitschaft, der Motivation und der Zufriedenheit seiner Beschäftigten ab. Deren Gesundheit und Wohlbefinden wirken sich wiederum auf diese Faktoren und somit auf den Unternehmenserfolg aus. Eine Investition in das Betriebliche Gesundheitsmanagement wird seine positive Wirkung verfehlen, wenn der wichtigste Erfolgsfaktor im Unternehmen für die Mitarbeitergesundheit außer Acht gelassen wird, nämlich die Führungskraft[2]. Die Leistungsfähigkeit und Gesundheit der Beschäftigten kann maßgeblich durch ein gesundheitsförderliches Führungsverhalten (engl. Healthy Leadership) geprägt werden. Dieses wird zukünftig umso bedeutsamer, da Führungskräfte und Unternehmen zusätzlich vor der Herausforderung stehen, dass Beschäftigte aufgrund des demografischen Wandels und der Erhöhung des Renteneintrittsalters länger im Erwerbsleben stehen und ein höheres Durchschnittsalter erreichen. Unternehmen stehen damit nicht nur im Wettbewerb um die besten Fachkräfte, sondern müssen ihre Arbeitnehmer über einen längeren Zeitraum, als noch vor einigen Jahren, physisch und psychisch leistungsfähig erhalten, um ein möglichst gesundes und langes Verbleiben im Arbeitsleben zu unterstützen. Gesundheitsfördernde Maßnahmen, wie gesunde Führung, die in der Praxis entsprechend umgesetzt und intern sowie extern kommuniziert werden, führen außerdem zu einer positiven Beeinflussung der Arbeitgeberattraktivität.

Wird die Arbeitssituation von Führungskräften betrachtet sind diese oftmals selbst großen Belastungen ausgesetzt. Neben der Förderung und dem Erhalt ihrer eigenen Gesundheit sind sie gleichzeitig für das Wohlbefinden ihrer Mitarbeiter mitverantwortlich. Über die Gestaltung von Organisationsstrukturen, betrieblichen Rahmenbedingungen und dem Miteinander im Unternehmen hinaus, können sie insbesondere durch ihre

---

[1] Matyssek (2010a), S. 15.
[2] Hinweis: Aus Gründen der besseren Lesbarkeit findet in der vorliegenden Arbeit lediglich die männliche Form Anwendung. Die Ausführungen beziehen sich gleichermaßen auf das männliche und weibliche Geschlecht.

Vorbildfunktion und ihr Führungsverhalten im direkten Umgang mit ihren Mitarbeitern deren Gesundheit beeinflussen. Insofern nehmen die Führungskräfte eine Doppelrolle ein, sie müssen die Verantwortung für die Leistung und Gesundheit ihrer Mitarbeiter und für die eigene Person übernehmen. Ziel ist es, den Zusammenhang von Führung und Gesundheit zu analysieren und die Einflussmöglichkeiten der Führungskräfte, vor allem in Hinblick auf die psychische Gesundheit ihrer Mitarbeiter, zu identifizieren.

Dazu wird zunächst ein grundlegendes Verständnis von Gesundheit und Führung bzw. Führungskultur geschaffen, auf welchem die darauffolgenden Ausführungen basieren. Um Gesundheit als Erfolgsfaktor im Unternehmen seine notwendige Beachtung zu schenken, erfolgt daraufhin die Darstellung der Ausgangslage hinsichtlich Gesundheits-themen in Organisationen. Darunter zählen neben den erforderlichen Kennzahlen auch die Maßnahmen im Rahmen des Betrieblichen Gesundheitsmanagements, innerhalb dessen die Führungskraft als Schlüsselrolle agiert. Zum Herleiten eines Zusammen-hangs zwischen Führung und Gesundheit, wird in Kapitel 4 die wissenschaftliche Forschung zum Thema erläutert, die als Grundlage für die weiteren Betrachtungen dient. Hierbei wird die Wirkung des Führungsverhaltens und der Führungsstile hervor-gehoben und die Einflussmöglichkeiten der Führungskraft innerhalb der Belastungs- und Beanspruchungssituation der Mitarbeiter in der Arbeitsumgebung dargestellt. Das folgende Kapitel fokussiert die gesunde Selbstführung der Führungskraft und ihren Umgang mit den persönlichen Belastungsfaktoren und der eigenen Gesundheit als zentralen Hebel, um gesunde Mitarbeiterführung erfolgreich umsetzen zu können. Nachdem die hierfür wichtigsten Faktoren ausgearbeitet wurden, wird im darauffolgen-den Teil der Umgang der Führungskraft mit ihren Mitarbeitern veranschaulicht. Es erfolgt eine Betrachtung der Bedingungsfaktoren gesunder Führung und eine exemplarische Darstellung gesundheitsfördernder Verhaltensweisen der Führungskräfte. Um der steigenden Anzahl psychischer Erkrankungen in der Arbeitswelt gerecht zu werden, wird notwendigerweise auf den Umgang mit psychisch belasteten Mitarbeitern verwiesen. Ebenso werden die Grenzen der Führungskraft als Gesundheitstreiber im Unternehmen aufgezeigt.Das letzte Kapitel befasst sich mit der Umsetzung einer gesundheitsorientier-ten Führung in der Praxis. Dafür werden Maßnahmen für die Implementierung sowie gesundheitsfördernde Unterstützungsangebote für Führungskräfte vorgestellt. Die Konzeption eines exemplarischen Seminarangebotes rundet die Ausführen hierzu ab. Abschließend erfolgt eine kritische Auseinandersetzung mit den gewonnenen Erkennt-nissen aus den vorangegangenen Betrachtungen.

2 Begriffsbestimmungen

2.1 Gesundheit

Der Philosoph Arthur Schopenhauer sagte einst: „Gesundheit ist gewiss nicht alles, aber ohne Gesundheit ist alles Nichts."[3] Gesundheit (engl. health) gilt als höchstes Gut des Lebens und nimmt damit im Alltag der Menschen einen hohen Stellenwert ein. Abgesehen von Gesundheit existieren noch weitere bedeutsame Faktoren und Werte, doch ohne Gesundheit können sie ihren Stellenwert verlieren. Sie spiegelt Lebensqualität wider und bildet die Basis, um die Anforderungen des persönlichen und beruflichen Alltags zu bewältigen.

Um ein einheitliches Verständnis des Gesundheitsbegriffs zu ermöglichen, werden im Folgenden verschiedene Definitionsansätze betrachtet. Die wohl bekannteste Definition der Gesundheit wurde durch die Weltgesundheitsorganisation (WHO) beschrieben: „Gesundheit ist ein Zustand vollkommenen körperlichen, geistigen und sozialen Wohlbefindens und nicht allein das Fehlen von Krankheit und Gebrechen."[4] Daraus lässt sich erkennen, dass sich Gesundheit nicht allein über objektive Faktoren, sondern über die subjektive Wahrnehmung des Menschen erfassen lässt. Dass jedoch lediglich das Fehlen von Krankheit den Gesundheitsbegriff nicht hinreichend definiert und Gesundheit ein mehrdimensionales Phänomen darstellt, erklärt das deutsche Bundesministerium für Bildung und Forschung (BMBF) im Jahr 1997.[5] Nicht jeder, der nicht krank ist, ist damit automatisch gesund. Die weiterentwickelte Definition der WHO im Nachgang der Ottawa Charta aus dem Jahr 1987 besagt: „Gesundheit ist die Fähigkeit und Motivation, ein wirtschaftlich und sozial aktives Leben zu führen."[6] Hiermit wird bereits eine deutliche Veränderung im Gesundheitsverständnis sichtbar. Ein gesunder Mensch ist ein aktiver Mensch, der motiviert ist, sein Leben auf sozialer und wirtschaftlicher Ebene selbst aktiv zu gestalten. Der Gesundheitssoziologe Klaus Hurrelmann verbindet die ältere und neuere Version der WHO und erweitert sie um den Aspekt der äußeren Lebensbedingungen, die u.a. auch die Arbeitswelt umfassen. Er beschreibt Gesundheit als den

---

[3] Knischek (2009), S. 189.
[4] WHO (1946), S. 1, Originaltext: "Health is a state of complete physical, mental and social well-being and not merely the absence of disease or infirmity."
[5] Vgl. BMBF (1997), S. 4.
[6] Ulich/Wülser (2012), S. 3.

„Zustand des objektiven und subjektiven Befindens einer Person, der gegeben ist, wenn diese Person sich in den physischen, psychischen und sozialen Bereichen ihrer Entwicklung im Einklang mit den eigenen Möglichkeiten und Zielvorstellungen und den jeweils gegebenen äußeren Lebensbedingungen befindet"[7].

Talcott Parsons, US-amerikanischer Soziologe, konkretisiert Gesundheit als die Leistungsfähigkeit des Menschen, seine gesellschaftlichen und sozialen Rollen und Aufgaben sowie die damit verbundenen Erwartungen erfüllen zu können.[8] Daraus lässt sich ableiten, dass es für verschiedene Rollen unterschiedliche Gesundheits- und Krankheitswahrnehmungen geben kann. Dabei kann man Mitarbeiter beobachten, die im Berufsleben aufgrund ihrer psychischen Gesundheit Aufgaben nicht vollkommen wahrnehmen können, jedoch in ihrer Freizeit, z.B. bei sportlicher Aktivität zur Höchstleistung fähig sind.

Gesundheit ist kein eindeutig definierbarer Begriff, sie lässt sich schwer erfassen und beschreiben. Den exemplarisch aufgeführten Definitionen ist jedoch gemeinsam, dass Gesundheit ein mehrdimensionales Konzept ist und als Prozess gesehen wird, der sich im Wesentlichen durch die Eigenaktivität des Menschen bestimmen lässt.[9] Gesundheitsbewusstes Verhalten ist erlernbar und der Mensch kann dazu befähigt werden.[10]

2.1.1 Paradigma der Salutogenese

Die Ausführungen des Soziologen Aaron Antonovsky sind innerhalb der Begriffsdefinition von Gesundheit näher zu betrachten. In seinen ersten Modellen beschäftigte er sich vor allem mit der Pathogenese, das bedeutet der Entstehung und Entwicklung von psychischen und physischen Erkrankungen bzw. dem Verlauf der Erkrankung und krankheitsverursachenden Faktoren.[11] Mit seinen späteren Forschungen leitete er einen Paradigmenwechsel in der Gesundheitsforschung ein. Seinem Modell der Pathogenese, in dem er sich ausschließlich mit krankmachenden Faktoren beschäftigte, stellte er einen Ansatz gegenüber, der gesundheitsfördernde Ressourcen untersuchte. Damit legte er den Meilenstein auf dem Weg zum fortschrittlichen Verständnis von Gesundheit, indem er nicht mehr der Frage nachging, was krank

---

[7] Hurrelmann (1994), S. 16 f.

[8] Vgl. Parsons (1951), S. 430.

[9] Vgl. Greiner/Ducki (1991), S. 306 f.

[10] Vgl. Badura/Walter/Hehlmann (2010), S. 32.

[11] Vgl. BZgA (2001), S. 14.

macht, sondern was gesund hält. Nach Antonovsky ist Gesundheit nicht als ein Zustand sondern als ein Prozess zu sehen. Der Mensch ist nicht vollständig gesund oder krank, sondern befindet sich in einem Zustand dazwischen und ist somit mal mehr oder mal weniger gesund bzw. krank. Der Mensch bewegt sich aktiv in diesem Gesundheits- und Krankheits-Kontinuum und pendelt demnach zwischen den Polen Gesundheit und Krankheit hin und her, gemessen an dem Befinden, das er beschreibt (s. Darst. 1).[12]

Darst. 1: Gesundheits-Krankheits-Kontinuum. Quelle: Eigene Darstellung.

Antonovsky führte während seiner Forschungen eine Studie mit überlebenden Frauen des Holocaust durch. Ein Drittel dieser Frauen wies trotz qualvoller Erfahrungen im Konzentrationslager eine gute psychische Gesundheit auf. Deshalb stellte sich Antonovsky die Frage „Warum bewegen Menschen sich auf den positiven Pol des Gesundheits-Krankheits-Kontinuums zu, unabhängig von ihrer aktuellen Position?"[13]. Obwohl Menschen pathogenetischen Faktoren ausgesetzt sind, bleiben einige von ihnen dennoch gesund und andere erkranken. Im Zentrum seiner Theorie betrachtete er verstärkt die Ressourcen, die den Menschen zur Verfügung stehen. Antonovsky ging davon aus, dass alle Menschen Stressoren ausgesetzt sind, aber diese nicht zwingend krankmachende Effekte bewirken, sondern auch positive Wirkung erzeugen. Verantwortlich dafür seien vorhandene Ressourcen, wie z.B. soziale Strukturen.[14]

Bei seinen Befragungen der Überlebenden hinsichtlich deren Stressbewältigung ist Antonovsky auf den *sense of coherence* (SOC), zu Deutsch *Kohärenzgefühl*, gestoßen. Er definiert dieses als „eine globale Orientierung, die ausdrückt, in welchem Ausmaß man ein durchdringendes, andauerndes und dennoch dynamisches Gefühl

---

[12] Vgl. Stöpel (2014), S. 37.
[13] Antonovsky (1997), S. 15.
[14] Vgl. Antonovsky (1997), S. 15.

des Vertrauens hat"[15]. Es ist das Merkmal einer Person, das kausal mit ihrer Position auf dem Gesundheits-Krankheits-Kontinuum verbunden ist.

Das Kohärenzgefühl setzt sich aus den folgenden drei Komponenten zusammen:[16]

1. *Verstehbarkeit* (comprehensibility). Die Fähigkeit, die Realität angemessen wahrzunehmen. Aufgaben, Ziele und Rollen müssen klar kommuniziert worden sein und ausreichende Informationen zur Aufgabenbewältigung vorliegen. Transparenz verstärkt diesen Faktor.

2. *Gefühl von Bedeutsamkeit oder Sinnhaftigkeit* (meaningfulness). Wichtige Dinge werden auch in der Arbeit von unwichtigen unterschieden. Die Bedeutsamkeit nimmt zu, wenn dem Menschen etwas wirklich am Herzen liegt, worin er einen Sinn sieht. Es ist wichtig zu wissen, warum man etwas tut und wie sich dies in das Gesamtbild einfügt.

3. *Handhabbarkeit* (manageability). Das bedeutet das Ausmaß, in dem man wahrnimmt, dass ausreichende Ressourcen zur Verfügung stehen, um die Situation bewältigen zu können. Menschen benötigen das Gefühl, dass sie zumindest in Bezug auf ihre eigene Person Mitgestaltungsmöglichkeiten haben.

Das Kohärenzgefühl ist im Wesentlichen die Antwort auf die salutogenetische Fragestellung Antonovskys.[17] Es nimmt indirekten Einfluss auf die Gesundheit und kann dazu beitragen, Stresszustände zu vermeiden. Ein hohes Kohärenzgefühl bewirkt, dass Menschen bestimmte Stressoren selbst nicht als solche wahrnehmen. Je höher es ist, desto besser können die Anforderungen bewältigt werden. Außerdem kann durch eine hohe Ausprägung des SOC das Entstehen von Stresszuständen verhindert werden. Als weiteren Vorteil bringt Antonovsky an, dass Personen mit ausgeprägtem Kohärenzgefühl eher für gesundheitsförderliche Maßnahmen zu begeistern sind, bzw. diese selbst bewusster wählen.[18]

So gelten die drei dargelegten Aspekte als gesundheitsschützende Faktoren in der Arbeitswelt. Mitarbeiter werden Belastungen leichter bewältigen, wenn sie verstehen, warum sie bspw. an einem bestimmten Projekt mitarbeiten (1.), wenn sie den Sinn

---

[15] Antonovsky (1997), S. 36.
[16] Vgl. Antonovsky (1997), S. 34 ff.; vgl. Regele/Regele (2013), S. 9.
[17] Vgl. Antonovsky (1997), S. 30.
[18] Vgl. Antonovsky (1997), S. 139.

des Projektes erkennen (2.) und wenn sie wissen, dass sie in der Lage sind ihren Beitrag dazu zu leisten (3.). Sie verfügen dann außerdem über einen Stresspuffer, der negative Belastungsfolgen dämpft.[19]

2.1.2 Physische und psychische Gesundheit

In den meisten Definitionen von Gesundheit, so wie auch in der der WHO, lässt sich die Unterteilung in physische und psychische Gesundheit erkennen. Körperliche Erkrankungen lassen sich am ehesten diagnostizieren, denn dabei treten überwiegend von außen erkennbare Funktionsstörungen, die mit Leidensdruck, wie Schmerz, verbunden sind auf. Dazu zählen bspw. Muskel- und Skeletterkrankungen, Verletzungen, Herz-Kreislauf-Erkrankungen oder Atemwegserkrankungen. Ist ein Mensch frei von diesen Leiden, wird er aus medizinischer Sicht als körperlich gesund eingestuft.[20]

Besonders in den letzten Jahren haben die ärztlichen Diagnosen im Bereich psychischer Erkrankungen bzw. seelischer Störungen zugenommen. Zurückzuführen ist dieser Umstand auf die Zunahme psychischer Belastungen. Nach der DIN EN ISO 10075-1 wird der Begriff psychische Belastung definiert als „die Gesamtheit aller erfassbaren Einflüsse, die von außen auf den Menschen zukommen und psychisch auf ihn einwirken"[21]. Psychische Erkrankungen sind längst kein Tabuthema mehr und Unternehmen thematisieren immer häufiger den Umgang mit psychisch erkrankten Mitarbeitern. Die häufigsten psychischen Erkrankungen, die für Organisationen von hoher praktischer Relevanz sind, sind Angststörungen, Suchterkrankungen, Depressionen und psychosomatische Erkrankungen, bei denen psychische Ursachen körperliche Beeinträchtigungen hervorrufen.[22]

Wie bereits Antonovsky anführte, wird Gesundheit in einem Kontinuum zwischen den Polen vollkommener Gesundheit und schwerer Krankheit eingeordnet. Dabei lassen sich einzelne Qualitäten der Gesundheit unterscheiden, je nachdem, wo sich der Mensch einordnen lässt, angefangen bei schwer krank bis hin zu völlig gesund. Der optimale Zustand völliger Gesundheit ist die freie Handlungskompetenz des Einzelnen. Daraus ist erkennbar, dass das Fehlen von Befindensbeeinträchtigungen und

---

[19] Vgl. Matyssek (2010a), S. 47.
[20] Vgl. BZgA (2001), S. 17.
[21] BAuA (2010), S. 9.
[22] Vgl. Hölscher (2013), S. 59.

Krankheit nicht das Höchstmaß an Gesundheit auszeichnet. Vielmehr sind Wohlbefinden und Handlungskompetenz die qualitativ hoch ausgeprägten Formen von Gesundheit (s. Anhang 1).[23] So gilt sowohl psychische als auch physische Gesundheit als Voraussetzung, um sich als Mensch gesund zu fühlen. Wer sich psychisch unwohl fühlt, ist nicht vollkommen gesund und kann seine Leistungspotenziale nicht ausschöpfen. Deshalb ist psychische Gesundheit der Mitarbeiter, auf die der Fokus in den vorliegenden Betrachtungen gelegt wird, eine notwendige Basis, um sich in der heutigen Arbeitswelt zu behaupten und sich fachlich und persönlich entwickeln zu können.

2.1.3 Stress

Um die psychische Gesundheit des Menschen zu erhalten, und eine Erklärung für den Anstieg psychischer Erkrankungen herzuleiten, ist es notwendig, sich mit dem Stressgebilde auseinander zu setzen. In der heutigen Zeit wird Stress beinahe inflationär verwendet und drückt z.B. aus, dass das derzeitige Arbeitsvolumen sehr hoch ist, sich Menschen unter Zeitdruck befinden oder einfach nicht zur Ruhe kommen. Dieses Verständnis wird jedoch nicht dem eigentlichen Stressverständnis gerecht, dessen negative Auswirkungen im Unternehmen zum Tragen kommen.[24]

Geprägt wurde der Stressbegriff vor allem vom Biochemiker Hans Selye, der Stress als unspezifische Reaktion des Körpers auf eine Belastung definiert. Stress ist ein Zustand erhöhter psychophysischer Aktivität des Organismus und stellt ein Ungleichgewicht im Verhältnis von Mensch und Situation dar.[25] Kann ein Mensch mit dem ihm zur Verfügung stehenden Ressourcen die Anforderungen, die an ihn gestellt werden nicht mehr bewältigen, wird Stress ausgelöst. Am Stressprozess sind Stressoren, Ressourcen und der innere Bewertungsprozess beteiligt (s. Darst. 2).

---

[23] Vgl. Rudow (2011), S. 37.
[24] Vgl. Brendt/Hühnerbein-Sollmann (2008), S. 131.
[25] Vgl. Ducki (2009b), S. 16.

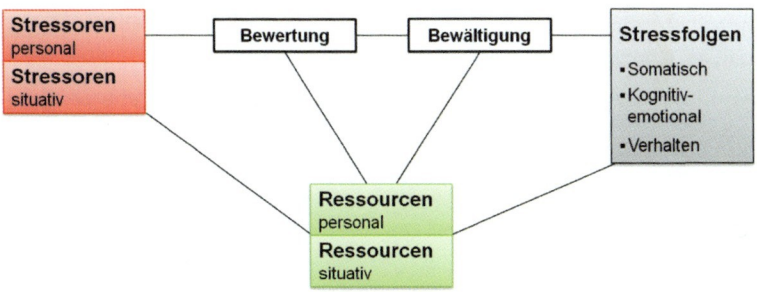

Darst. 2: Der Stressprozess. Quelle: In Anlehnung an Bamberg/Busch/Ducki (2003), S. 41.

Stressoren sind stressfördernde oder -auslösende Umstände, die in der Arbeitswelt und im Privatleben auftreten können. Darunter zählt man eine Vielzahl körperlicher und seelischer Reize bzw. Belastungen, wie Hunger- und Durstgefühl, Schlaflosigkeit, Kälte, Wärme, Lärm, Schmerz, Überforderung und Arbeitstempo.[26] Die arbeitsbezogenen Stressoren untergliedern sich in aufgabenbezogene Stressoren (Über- und Unterforderung, Störungen, Unterbrechungen), arbeitsorganisatorische, physikalische Stressoren (Lärm, Hitze), zeitliche Stressoren (Arbeitszeitmodelle, Zeitdruck) und soziale Stressoren (fehlende soziale Unterstützung, Mobbing, Rollenkonflikte).[27] Personale Stressoren können durch zu hoch angesetzte Ziele und Ansprüche an sich selbst sowie mangelnde Qualifikation verursacht werden.[28]

Den *Ressourcen* wird im Stressprozess eine hohe Bedeutung beigemessen. Sie können sowohl in der Bewertungsphase der Anforderungen als auch in der Bewältigung dieser wirksam werden und Stress sogar vermeiden. Man kann sie als Hilfsmittel sehen, mit dem man Stressbedingungen besser bewältigen kann. Situative Ressourcen sind z.B. materielle Sicherheit, familiäre und soziale Beziehungen sowie die Arbeitssituation und Arbeitsaufgaben, innerhalb derer dem Menschen genügend Handlungsspielräume eingeräumt werden. Soziale Ressourcen umfassen Unterstützung durch den Vorgesetzten und Kollegen, die in ganz unterschiedlicher Weise angeboten werden kann. Das Beziehungsgeflecht und soziale Netzwerk über das ein Mensch verfügt ist hierbei entscheidend. Personale Ressourcen werden geprägt durch die Persönlichkeit des Menschen und dessen Selbstwahrnehmung. Es zeigen sich dabei situationskonstante Handlungsmuster, wie ein bestimmtes Bewältigungs-

---

[26] Vgl. Sprenger (2012), S. 8 f.
[27] Vgl. Semmer/Mohr (2001), S. 153.
[28] Vgl. Ducki (2009b), S. 17.

verhalten, dass sich z.B. in der Suche nach sozialer Unterstützung wiederspiegelt. Zu den kognitiven Überzeugungssystemen als weiteren Teil der personalen Ressourcen der jeweiligen Person zählen u.a. das Kohärenzgefühl und die Überzeugung die Aufgaben, die gestellt werden, auch bewältigen zu können.[29]

Zwar wird Stress als psychologische Belastung verstanden, kann aber erhebliche Auswirkungen auf die physiologische, d.h. körperliche Gesundheit und somit auch Leistungsfähigkeit von Personen nehmen. Stress nimmt Einfluss auf die Denkweise und das Verhalten von Menschen. Kurzfristiger (akuter) Stress ist häufig reversibel und stellt kein gravierendes Problem dar. Negativer Dauerstress kann jedoch zu einem Risiko für die Gesundheit werden und sogar irreversible, chronische Beschwerden hervorrufen. Eine spezifische Folge ist das Burnout-Syndrom:[30]

> „Überdruss und Ausbrennen sind Zustände körperlicher, emotionaler und geistiger Erschöpfung. Die Betroffenen fühlen sich körperlich verausgabt, hilflos, hoffnungslos und emotional erschöpft. Sie entwickeln negative Einstellungen zum Selbst, ihrem Beruf, zu anderen Menschen und zum Leben allgemein."[31]

Dennoch reagiert nicht jeder Mensch in gleicher Weise auf äußere Umstände. Stress ist allgemein keineswegs als negativ zu sehen, auch wenn die Begrifflichkeit vorwiegend negative Assoziationen auslöst. Stress, der sich positiv auswirkt ist sogar unerlässlich, da er den Menschen körperlich und geistig aktiviert und fördert. Voraussetzung dafür ist, dass man dieser Art von Stress nicht dauerhaft unterliegt.[32] Hohe Anforderungen werden von dem einen besser bewältigt als von anderen. Jeder nimmt Situationen unterschiedlich subjektiv wahr und ordnet diese entsprechend ein. Präsentationen vor Kollegen zu halten löst bei manchen Personen negativen Stress aus, sie fühlen sich unwohl, bekommen schwitzende Hände oder Ausschlag. Andere wiederum stehen dieser Aufgabe positiv gegenüber, reden sehr gern, sind extrovertiert, freuen sich, sich vor den anderen selbst darstellen zu können und schöpfen daraus Selbstvertrauen und Selbstbestätigung. Hierbei spielt das subjektive Empfinden jedes Einzelnen eine wesentliche Rolle. Zusammenfassend kann sich Stress bis zu einem bestimmten Grad positiv auf die Leistungspotentiale beim Menschen und Mitarbeiter auswirken, Dauerstress sollte jedoch unbedingt vermieden werden.[33]

---

[29] Vgl. Ducki (2009b), S. 17 f.
[30] Vgl. BAuA/INQA/BKK Bundesverband (2013), S. 8 f.
[31] Pines/Arsonson/Kafrey (2006), S. 12.
[32] Vgl. Sprenger (2012), S. 9.
[33] Vgl. Sprenger (2012), S. 10.

2.2 Führungskultur

Zur eindeutigen Erschließung des Begriffs Führungskultur werden die Begriffe Führung und Kultur zunächst getrennt voneinander betrachtet. Zur Definition von *Führung* (engl. leadership) gibt es zahlreiche Ansätze, von denen nur ein Teil im Folgenden exemplarisch dargestellt werden kann. „Führung wird verstanden als Beeinflussung der Einstellung und des Verhaltens von Einzelpersonen sowie der Interaktion in und zwischen Gruppen, mit dem Zweck, bestimmte Ziele zu erreichen."[34] Außerdem definiert sich Führung nach Baumgarten als „zielbezogene, interpersonelle Verhaltensbeeinflussung mit Hilfe von Kommunikationsprozessen"[35]. Wunderer versteht unter Führung die „wert-, ziel- und ergebnisorientierte, aktivierende und wechselseitige, soziale Beeinflussung zur Erfüllung gemeinsamer Aufgaben in und mit einer strukturierten Arbeitssituation"[36]. Und auch Rosenstiels Definition von Führung als „bewusste und zielbezogene Einflussnahme von Menschen"[37] hat mit den vorangestellten Definitionen gemeinsam, dass Führung als Prozess eine bewusste Beeinflussung des Verhaltens anderer Personen für die Erreichung von Zielen, die von beiden Parteien in irgendeiner Art geteilt werden, anstrebt.

Es lässt sich in sachbezogene Führungsaufgaben, wie Planungs-, Organisations- und Kontrollaufgaben und in personenbezogene Führungsaufgaben, d.h. Aufgaben, die den sozialen Aspekt im Umgang mit dem Mitarbeiter als Mensch beinhalten, unterscheiden (s. Darst. 3).[38] Auf der Sachebene konzentriert sich die Führungskraft auf Entscheidungen, Ziele, Aufgaben und Prozesse. Innerhalb der Personenorientierung hingegen werden mitarbeiterbezogene Prozesse, wie Konflikte, die Weiterentwicklung der Mitarbeiter und die Beziehung zu ihnen fokussiert. Der Vorgesetzte kann mittels verschiedener Kommunikationsmittel, wie bspw. Gespräche und Diskussionen, die Mitarbeiter zu bestimmten Handlungen bewegen und auf diesem Wege ihr Gesundheitsverhalten aktiv beeinflussen.[39] Bei korrekter Wahrnehmung der Beziehungsaufgabe durch die Führungskraft erhöht sich die Arbeitszufriedenheit der Mitarbeiter. Die Anwesenheit der Beschäftigten steigt. Wird zudem die Sachaufgabe

---

[34] Staehle (1999), S. 328.
[35] Baumgarten (1977), S. 9.
[36] Wunderer (2011), S. 204.
[37] Rosenstiel (2009), S. 3.
[38] Vgl. Kolb (2010), S. 410.
[39] Vgl. Holzträger (2012), S. 26 f.

ebenfalls einwandfrei wahrgenommen, sorgt dieses Zusammenspiel zur einer Steigerung der Unternehmensproduktivität.

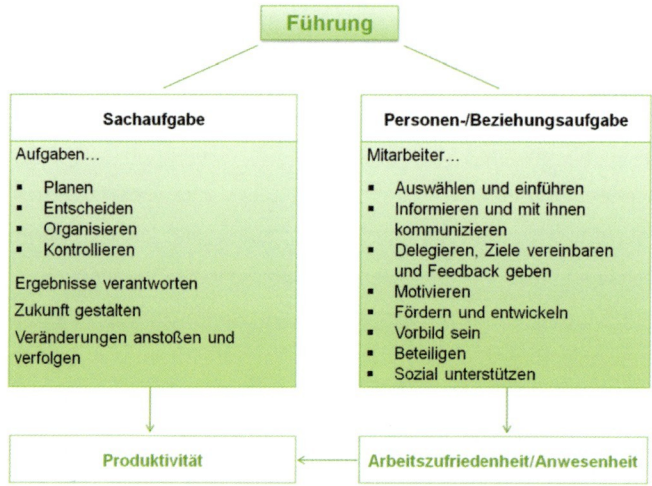

Im Kontext der vorliegenden Arbeit wird hauptsächlich die personale Mitarbeiterführung, d.h. die zwischenmenschlichen Führungsaufgaben durch die Führungskraft selbst im Kontakt zu ihren Mitarbeitern, Bezug genommen. Hierbei erfolgt die soziale Einflussnahme auf die Bedürfnisse, Wünsche und Vorstellungen der Mitarbeiter. Es geht dabei nicht darum, sie zu manipulieren um die eigenen oder die Unternehmensziele zu erreichen, sondern ihnen den Sinn des gewünschten Handelns glaubhaft zu vermitteln. Darunter werden insbesondere diejenigen Führungsaktivitäten verstanden, die im weitesten Sinne auf den Erhalt und die Förderung der Gesundheit der Mitarbeiter abzielen. Die Führungskraft bzw. der Vorgesetze, wird als Mitarbeiter der führt und selbst ebenfalls geführt wird angesehen. Er ist demnach nicht Teil des oberen (Geschäftsleitung), sondern des mittleren (wie Bereichs- und Abteilungsleiter) und unteren Managements (wie Team-, Projektleiter).

Für die Erschließung des zweiten Teils der Begrifflichkeit Führungskultur erscheinen die Überlegungen von Alexander Thomas treffend. Er beschreibt *Kultur* als ein Orientierungssystem, dass durch spezifische Symbole, wie u.a. Rituale, Essensgewohnheiten, Kleidung und Sprache geprägt wird. Dieses System gibt einen Handlungsrahmen vor, in dem Gruppen von Menschen, Organisationen oder ganze

Gesellschaften eine Orientierung für ihr Denken, Handeln und ihre Wahrnehmung finden können und dadurch ihr Zusammengehörigkeitsgefühl geprägt wird.[40] Kultur ist die Basis unserer sozialen Ordnung und beeinflusst, wie Menschen ihre Emotionen ausdrücken und mit ihnen umgehen. Man wird nicht mit, sondern in einer bestimmten Kultur geboren. Kultur ist erlernbar, je nach dem sozialen Umfeld in dem sich der Mensch bewegt. Sie ist keinesfalls statisch sondern entwickelt sich im Laufe der Zeit dynamisch weiter.[41] Die Ableitung auf die *Unternehmenskultur* umfasst im Wesentlichen die gelebten und für wichtig erachteten Werte, Normen und Verhaltensmuster im Unternehmen.[42] Sie findet ihren Ausdruck in sichtbaren Erkennungszeichen, wie Verhaltensweisen der Mitarbeiter, ihr Umgang untereinander, bestimmte Rituale, Sprachregelungen, Bekleidungsgewohnheiten und sogar in der Architektur des Unternehmens.[43]

Wenn nun im speziellen die Führungskräfte einer Organisation betrachtet werden und wie sie im Hinblick auf Mitarbeiterführung gemeinsam agieren, welche Vorstellungen sie teilen, welchen Führungsleitsätzen sie folgen und welche gemeinsamen Mittel sie einsetzen, um die Verhaltensbeeinflussung ihrer Mitarbeiter zu erzielen, kann man von *Führungskultur* sprechen. Geprägt und weiterentwickelt wird diese durch die Führungskräfte selbst, deren gemeinsam getragene Überzeugungen, Regeln, Werte und Verhaltensmuster, die ihre Handlungen im Unternehmen beeinflussen. Somit wirken sich das Führungsverständnis und die damit verknüpften Werte auf die Führungskultur im Unternehmen aus.[44] Das große Ganze wird von der Unternehmenskultur bestimmt und vorgegeben. Die Unternehmenskultur steuert das tägliche Verhalten aller Mitglieder des Unternehmens und beeinflusst damit auch, bewusst oder unbewusst, wesentlich die Führungskultur. Elemente der Unternehmenskultur können im Rahmen der Personalführung gezielt zur Verhaltenssteuerung eingesetzt werden. Die Führungskultur sollte deshalb auch im Einklang mit der Unternehmenskultur stehen und keinen konträren Gegenpart zu ihr bilden. Nur wenn ein einheitliches Kulturgebilde im Unternehmen vorherrscht, können sich alle Mitarbeiter daran orientieren und sich entsprechend mit dem Unternehmen identifizieren.[45]

---

[40] Vgl. Thomas (2003), S. 22.
[41] Vgl. Lindinger/Zeisel (2013), S. 118.
[42] Vgl. Wunderer (2011), S. 6.
[43] Vgl. Berthel/Becker (2013), S. 712.
[44] Vgl. Berninger-Schäfer (2013), S. 133.
[45] Vgl. Scholz (2014), S. 957 f.

Die Führungskultur ist ein wichtiges Bindeglied zwischen der Führungskraft und dem Mitarbeiter sowie zwischen dem Mitarbeiter und dem gesamten Unternehmen. Sie prägt in hohem Maße das Arbeitsumfeld aller Akteure der Organisation und bildet die Grundlage für das entstehende Betriebsklima.

3 Gesundheit als Unternehmensressource

3.1 Aktuelle Situation in Unternehmen

Die heutige Arbeitswelt unterliegt einem starken Wandel, der sich auf sämtliche Akteure im Arbeitsmarkt auswirkt. Angefangen mit der Entwicklung von der Industrie- hin zur Informations- und Dienstleistungsgesellschaft, die in den 1970er Jahren begann (sog. Tertiarisierung), haben sich primär die Arbeitsbedingungen der Beschäftigten verändert.[46] Aufgrund des vermehrten Einsatzes neuer Technologien ist ein Rückgang der physischen Arbeitstätigkeiten zu verzeichnen.[47] Arbeitsaufgaben fordern nun zunehmend Wissensarbeit der Arbeitnehmer und die psychischen Anforderungen steigen an.[48] Lebenslanges Lernen gewinnt in diesem Zusammenhang an Bedeutung. Um den Arbeitsanforderungen weiterhin gerecht zu werden, wird eine kontinuierliche Weiterbildung der Mitarbeiter unabdingbar. Aus der Zunahme der Informationsdichte resultiert eine erhöhte Arbeitsdichte, in qualitativer und quantitativer Sicht. Weniger Mitarbeiter müssen immer mehr leisten und dies zunehmend unter Zeitdruck.[49]

Der globale wirtschaftliche Wettbewerb nimmt ebenfalls Einfluss auf die heutigen Arbeitsbedingungen. Um wettbewerbsfähig zu bleiben, müssen sich Unternehmen häufig Veränderungs- und Umstrukturierungsmaßnahmen gegenüberstellen, um die gesamte Ablauforganisation zu verbessern. Im Fokus liegt dabei die Sicherstellung des wirtschaftlichen Erfolgs. Innerhalb dieser Veränderungsprozesse liegt es in der Verantwortung der Unternehmensleitung und der Führungskräfte den Wandel so zu gestalten, dass er von allen Mitarbeitern begleitet und auch getragen werden kann. Unzureichende Kommunikation über laufende Prozesse, Vorhaben und Ziele der Umstrukturierung können andernfalls schnell Unsicherheit und Ängste bei den Mitarbeitern hervorrufen.[50] Mit dem Veränderungsmanagement und zunehmender Flexibilisierung findet ein ständiger Wechsel zwischen den Beschäftigungsformen, wie Vollzeit, Teilzeit, Zeitarbeit, Selbstständigkeit und Arbeitslosigkeit statt. Die veränderten, diskontinuierlichen Erwerbsbiografien der Beschäftigten, die heute nur noch selten den erlernten Beruf bis zum Ende ihrer Erwerbstätigkeit in einem Unter-

---

[46] Vgl. Lohmann-Haislah (2012), S. 11.
[47] Vgl. Franke/Vincent/Felfe (2011), S. 373.
[48] Vgl. Rudow (2004), S. 6.
[49] Vgl. Uhle/Treier (2013), S. 296 f.
[50] Vgl. Rudow (2004), S. 4.

nehmen ausüben können, nehmen negativen Einfluss auf soziale Beziehungen am Arbeitsplatz, wodurch die psychosozialen Risiken bei der Arbeit zunehmen.[51]

Die Veränderung der Arbeitsformen selbst, wie die Entstehung der Telearbeit bei der Mitarbeiter einen Teil der Arbeit ortsunabhängig und zeitlich flexibel verrichten können, wird durch die Nutzung moderner Kommunikationsmittel, wie Laptops und Smartphones, mit denen von überall aus und jederzeit gearbeitet werden kann, begünstigt. Dabei verschmelzen die Grenzen zwischen Arbeits- und Privatleben zunehmend. Einerseits sind diese technologischen Entwicklungen von Vorteil, da die Flexibilität der Arbeitnehmer erhöht wird. Es ermöglicht ihnen private Termine, Arztbesuche und Erziehungsaufgaben besser wahrzunehmen. Dennoch besteht die Gefahr, dass sich das Berufs- zunehmend in das Privatleben verlagert. *Always on*, d.h. permanent erreichbar zu sein, lautet die Devise vieler Manager, wodurch sie ihre Freizeit nie wirklich zur Erholung nutzen können, sondern ständig dem Druck der Arbeit unterliegen.

Ein weiterer Aspekt der die Unternehmen vor neue Herausforderungen stellt, ist der demografische Wandel. Bis 2020 wird eine Lücke von bis zu 1,2 Millionen Akademi-kerstellen prognostiziert und damit die Gewinnung einer Vielzahl neuer Fachkräfte unabdingbar. Die Zahl der über 50-Jährigen wird bis dahin auf über 50 Prozent ansteigen.[52] Je mehr sich das Durchschnittsalter der Beschäftigten aufgrund des demografischen Wandels erhöht, desto wichtiger ist es, dass Arbeit die Gesundheit nicht negativ beeinträchtigt, sondern die Erwerbstätigkeit bis zum Rentenalter gefördert wird.[53] Dass die aktuelle Entwicklung gegenteilig verläuft, belegt die Studie der Bundespsychotherapeutenkammer (BPtK) zu psychischen Erkrankungen und Frührente. Demnach liegt die Zahl der Versicherten, die im Jahre 2012 erstmalig Rente wegen Erwerbsminderung aufgrund psychischer Erkrankungen erhielten bei 75.000. Das Durchschnittsalter lag bei 49 Jahren. 10 Jahre zuvor lag die Zahl der Betroffenen bei noch rund 25.000. Seit über 10 Jahren sind psychische Erkrankun-gen der Hauptgrund für die Erwerbsminderungsrente. Jede zweite Frühverrentung basiert auf psychischen Leiden der Betroffenen.[54] Neben den Frühverrentungen

---

[51] Vgl. Lohmann-Haislah (2012), S. 11; vgl. Ducki (2006), S. 141.

[52] Vgl. McKinsey & Company, Deutschland 2020, Zukunftsperspektiven für die deutsche Wirtschaft, 2008, http://www.erfahrung-deutschland.de/uploads/cms/elfinder/PDF/pdf_10.pdf [Stand: 25.04.2014], S. 8, 16.

[53] Vgl. Lohmann-Haislah (2012), S. 11.

[54] Vgl. BPtK, Fast jede zweite neue Frührente psychisch bedingt, 2014, http://www.bptk.de/aktuell/einzelseite/artikel/fast-jede-zw.html [Stand: 20.03.2014].

resultieren aus dem Wandel in der Arbeitswelt auch die erhöhten Krankenstände und Fehlzeiten in Unternehmen. Die volkswirtschaftlichen Kosten von Arbeitsunfähigkeit betrugen im Jahr 2012 nach Schätzungen der Bundesanstalt für Arbeitsschutz und Arbeitsmedizin (BAuA) 92 Milliarden Euro.[55] Zusätzlich häufen sich in diesem Zusammenhang die organisatorischen und sozialen Probleme in Unternehmen. Die Gesamtheit dieser Faktoren spiegelt sich einem erhöhten Belastungs- und somit Krankheitsrisiko für die Beschäftigten wieder.

3.1.1 Krankenstand

Der Krankenstand drückt aus, wie hoch der Anteil der Beschäftigten ist, die an einem Kalendertag im Durchschnitt arbeitsunfähig erkrankt sind.[56] In der gesetzlichen Krankenversicherung lag der Krankenstand im Jahr 2013 bei 3,78 Prozent mit einer leichten Zunahme gegenüber dem Vorjahr. Laut dem Gesundheitsbericht der DAK nahm der Krankenstand ebenfalls im Jahr 2013 mit 4,0 Prozent gegenüber dem Vorjahr leicht zu (2012: 3,8 Prozent). Die meisten Ausfalltage wurden durch Muskel- und Skeletterkrankungen (21,5 Prozent) verursacht, gefolgt von Erkrankungen des Atmungssystems (17,3 Prozent). Psychische Erkrankungen haben einen Anteil von 14,6 Prozent am Gesamtkrankenstand und liegen auf dem dritten Rang.[57] Im BKK Gesundheitsreport 2013 haben sich die psychischen Erkrankungen erstmals auf Platz zwei der häufigsten Ursachen für Arbeitsunfähigkeit eingeordnet. Den ersten Rang belegen weiterhin Krankheiten des Muskel-Skelettsystems, insbesondere Rückenleiden, sowie auf Platz drei Erkrankungen des Atmungssystems.[58] Der Anstieg psychischer Erkrankungen wird als überdurchschnittlich hoch eingestuft. Beachtlich sind dabei die Fehltage pro Arbeitsunfähigkeitsfall mit 39,5 Tagen, die auf psychische Störungen zurückzuführen sind (s. Anhang 2). Die durchschnittliche Falldauer der Arbeitsunfähigkeit liegt vergleichend bei 13,5 Tagen, also dreimal niedriger. Die psychischen Erkrankungen nehmen im Trend verglichen zu den Vorjahren kontinuierlich zu (s. Anhang 3).[59]

---

[55] Vgl. BMAS/BAuA (2014), S. 40.
[56] Vgl. DAK-Gesundheit (2014), S. 3.
[57] Vgl. DAK-Gesundheit (2014), S. 20.
[58] Vgl. BKK Dachverband e. V. (2013), S. 29.
[59] Vgl. BKK Dachverband e. V. (2013), S. 20 f.

Akuterkrankungen und Unfälle wurden in den vergangenen Jahren durch die kosten-intensiveren Erkrankungen, wie Herz-Kreislauf-Erkrankungen, Erkrankungen des Stoffwechsels und Erkrankungen der Psyche in der Statistik der Arbeitsunfähigkeits-gründe abgelöst. Ursachen hierfür liegen u.a. in veränderten Lebensgewohnheiten, wie Bewegungsmangel, einseitiger Ernährung, Übergewicht sowie der Zunahme seelischer Störungen aufgrund psychosozialer Belastungsfaktoren am Arbeitsplatz. Stress im Arbeitsleben sorgt Untersuchungen zufolge für eine höhere Wahrschein-lichkeit, an Herz-Kreislauf-Erkrankungen, Magengeschwüren und Migräne zu erkran-ken.[60] Die Bedeutung des Anstiegs psychischer Störungen ist immens. Die dadurch entstehenden Krankheitskosten werden mit jährlich knapp 27 Milliarden Euro bezif-fert.[61] Es liegt nahe, dass sich in Anbetracht dieser Umstände die Unternehmen zukünftig verstärkt mit dem Thema der psychischen Gesundheit ihrer Mitarbeiter auseinandersetzen müssen.

3.1.2 Absentismus vs. Präsentismus

Ein häufig genutztes Instrument, um Aussagen über den Gesundheitszustand der Beschäftigten zu erhalten, sind Fehlzeitenanalysen, in denen erkennbar ist, wie viele Tage die Mitarbeiter aufgrund Krankheit nicht zur Arbeit erscheinen konnten. Dieser Umstand wird als *Absentismus* bezeichnet. Produktivitätsverluste die hierdurch ausgelöst werden stellen jedoch meistens nur die Spitze des Eisbergs dar.[62] Denn ein niedriger Krankenstand muss nicht zwangsläufig heißen, dass die Belegschaft gesund und leistungsfähig ist. Es ist zu beobachten, dass zunehmend Beschäftige trotz Krankheit zur Arbeit gehen. Dieses Phänomen wird als *Präsentismus* bezeich-net. Gründe hierfür liegen in der Angst vor Arbeitsplatzverlust und erhöhtem Leis-tungsdruck, die zur psychischen Belastung für die Mitarbeiter werden. Auch Rück-sicht auf Kollegen, auf die gegebenenfalls das eigene Arbeitsvolumen übertragen werden müsste oder auch das Pflichtgefühl gegenüber dem Arbeitgeber veranlassen Mitarbeiter dazu, erkrankt am Arbeitsplatz zu erscheinen.[63] So sehen sie sich häufi-

---

[60] Vgl. Wahlert (2012), S. 22 f.; vgl. Siegrist/Rödel (2005), S. 33 f.

[61] Vgl. Statistisches Bundesamt, Gesundheitswesen: 26,7 Milliarden Euro durch psychische Erkrankungen, 2009, https://www.destatis.de/DE/PresseService/Presse/Pressemitteilungen/zdw/2009/PD09_010_p002.html [Stand: 24.04.2014].

[62] Vgl. BARMER GEK (2010), S. 66.

[63] Vgl. Vincent-Höper (2013), S. 23 f.

ger vor der Fragestellung, ob sie so krank sind, dass sie zu Hause bleiben müssen oder doch noch so gesund, dass sie zur Arbeit gehen können.

Präsentismus lässt sich weit weniger leicht messen, als Absentismus, der sich klar in den Fehlzeitenreportings widerspiegelt. Ob ein Mitarbeiter Rückenschmerzen und Kopfschmerzen hat, lässt sich nicht immer gleich auf den ersten Blick erkennen. Doch die Folgen sind meist gravierend. Zunächst mindert sich die Leistung der Beschäftigten kurzfristig, die Konzentrationsfähigkeit sinkt, woraufhin Unachtsamkeit, Fehler und Unfälle zunehmen. Produktivitätsstandards können nicht mehr eingehalten werden. Die Leistungsbereitschaft eines Mitarbeiters kann sich so um mehr als ein Drittel reduzieren. Gegenüber diesen kurzfristigen Auswirkungen besteht die Gefahr, dass aus diesen verschleppten Krankheiten chronische Erkrankungen und verlängerte Fehlzeiten resultieren, die mit einer vorherigen Arbeitsunfähigkeit vermieden werden können. Es lässt sich deutlich erkennen, dass die Folgen des Präsentismus weitaus größeren negativen Einfluss auf die Produktivität des Unternehmens nehmen, als die des Absentismus.[64]

Die Ergebnisse der BIBB/BAuA-Erwerbstätigenbefragung 2011/2012 zeigen, dass 21 Prozent der knapp 20.000 Befragten im vorangegangenen Jahr trotz Krankheitsfall immer zur Arbeit gingen, hingegen 16 Prozent bei Krankheit zuhause geblieben sind. 36 Prozent berichten darüber, dass sie im Umgang mit einer Krankheit in den letzten 12 Monaten sowohl zur Arbeit gegangen als auch der Arbeit fern geblieben sind (s. Anhang 4).[65] Insbesondere psychische Leiden werden häufig erst zu spät diagnostiziert und behandelt. In den Fällen, in denen sich körperlich noch keine klaren Anzeichen feststellen lassen, gehen Beschäftigte noch über einen langen Zeitraum hinweg, trotz eingeschränkter Produktivität, weiter ihrer Tätigkeit nach ohne von einer Krankschreibung Gebrauch zu machen. Im schlimmsten Fall führt dieses Verhalten zu Zusammenbrüchen, schwerer Depression und chronischen Leiden. Die ärztliche Behandlung nimmt danach erheblich viel Zeit in Anspruch und der Wiedereinstieg in den Berufsalltag des Beschäftigten erschwert sich immens oder wird komplett unmöglich, wie die hohe Anzahl der Frühverrentungen aufgrund seelischer Leiden bestätigt.[66]

---

[64] Vgl. BARMER GEK (2010), S. 66.
[65] Vgl. Lohmann-Haislah (2012), S. 135 ff.
[66] Vgl. Wahlert (2012), S. 24 f.

Die ökonomischen Auswirkungen von Präsentismus sind durch zahlreiche Studien belegt. Die Kosten, die den Unternehmen entstehen sind beträchtlich und deutlich höher, als die des Absentismus. Laut US-amerikanischen Studien haben die Präsentismuskosten den höchsten Anteil an den gesamten Gesundheitskosten des Unternehmens.[67] Deshalb darf die Unternehmensproduktivität nicht nur über Fehlzeitenanalysen erfassen werden.

3.2 Betriebliche Gesundheitsförderung

Um den Auswirkungen und Risiken mangelhafter Mitarbeitergesundheit gegenübertreten zu können, müssen langfristig Maßnahmen und Aktivitäten zum Erhalt und zur Förderung der Gesundheit der Beschäftigten initiiert werden. Die Gesundheitsförderung, die im Wesentlichen durch die Ausführungen der Ottawa-Charta der WHO beschrieben wird, ist ein Prozess, der den Menschen ein höheres Maß an Selbstbestimmung über ihre Gesundheit ermöglicht und damit ihre individuelle Gesundheit stärkt[68]. Gesundheit wird als dauerhafter Entwicklungsprozess verstanden, der auf Ebene der individuellen Handlungsfähigkeit und des subjektiven Wohlbefindens stattfindet und durch psychische, physische und soziale Dimensionen geprägt wird.[69] Die fünf Handlungsfelder der Ottawa Charta sind:[70]

- die Entwicklung einer gesundheitsförderlichen Gesamtpolitik,
- die Schaffung gesundheitsförderlicher Lebenswelten,
- die Unterstützung gesundheitsbezogener Gemeinschaftsaktionen,
- die Entwicklung persönlicher Kompetenzen,
- die Neuorientierung der Gesundheitsdienste.

Die Ottawa Charta verfolgt den Setting-Ansatz, d.h. Lebensbereiche, die einen großen Einfluss auf das Leben des Menschen haben, wie z.B. Schule, Stadtteil und der für die vorliegende Ausarbeitung relevante Bereich des Unternehmens werden in den Fokus gestellt. Genau hier können die Handlungsfelder ansetzen und in Kombination erfolgreich umgesetzt werden.[71]

---

[67] Vgl. Steinke/Badura (2011), S. 105.
[68] Vgl. WHO (1986), S. 1.
[69] Vgl. Bamberg/Ducki/Metz (2011a), S. 125 f.
[70] Vgl. WHO (1986), S. 3 ff.
[71] Vgl. Kern/Vosseler (2013), S. 144 f.

Zur Spezifizierung der Umsetzung von Gesundheitsförderung im betrieblichen Umfeld wurde auf Grundlage der Ottawa Charta auf europäischer Ebene vom European Network for Workplace Health Promotion 1997 die *Luxemburger Deklaration zur Betrieblichen Gesundheitsförderung* verabschiedet. „Betriebliche Gesundheitsförderung (BGF) umfasst alle gemeinsamen Maßnahmen von Arbeitgebern, Arbeitnehmern und Gesellschaft zur Verbesserung von Gesundheit und Wohlbefinden am Arbeitsplatz."[72] In dieser Deklaration wird deutlich zum Ausdruck gebracht, dass das Arbeitsumfeld im erheblichen Maße die Gesundheit von Mitarbeitern beeinflusst. Deshalb müssen bestimmte Schlüsselfaktoren gesundheitsförderlich gestaltet werden, um die Gesundheit der Beschäftigten zu verbessern. „Dazu gehören:

- Unternehmensgrundsätze und -leitlinien, die in den Beschäftigten einen wichtigen Erfolgsfaktor sehen und nicht nur einen Kostenfaktor,
- eine Unternehmenskultur und entsprechende Führungsgrundsätze, in denen Mitarbeiterbeteiligung verankert ist, um so die Beschäftigten zur Übernahme von Verantwortung zu ermutigen,
- eine Arbeitsorganisation, die den Beschäftigten ein ausgewogenes Verhältnis bietet zwischen Arbeitsanforderungen einerseits und andererseits eigenen Fähigkeiten, Einflussmöglichkeiten auf die eigene Arbeit und sozialer Unterstützung,
- eine Personalpolitik, die aktiv Gesundheitsförderungsziele verfolgt,
- ein integrierter Arbeits- und Gesundheitsschutz."[73]

Ziel ist es, den Mitarbeiter aktiv in diese Prozesse einzubinden, um eine Änderung in seinem Denken zu bewirken. Denn wie bereits erläutert, kann gesundheitsgerechtes Verhalten erlernt werden und die Mitarbeiter so zu einem Großteil selbst für ihre psychische und physische Gesundheit Sorge tragen.

3.3 Betriebliches Gesundheitsmanagement

Das Betriebliche Gesundheitsmanagement (BGM) dient zur Entwicklung von Strukturen und Prozessen zur gesundheitsförderlichen Gestaltung der Arbeit und zielt auf gesundheitsförderliches Verhalten bei den Mitarbeitern ab.[74] Dies soll auf Seiten des Unternehmens und des Mitarbeiter Vorteile bieten. Dabei sollte das Gesundheitsmanagement langfristig an der Strategie des Unternehmens ausgerichtet werden und

---

[72] Europäisches Netzwerk für Betriebliche Gesundheitsförderung, Luxemburger Deklaration, 2007, http://www.luxemburger-deklaration.de/fileadmin/rs-dokumente/dateien/LuxDekl/Luxemburger_Deklaration_09-12.pdf [Stand: 10.04.2014], S. 3.
[73] Ebd., S. 3.
[74] Vgl. Badura/Walter/Hehlmann (2010), S. 33.

sich nicht an kurzfristigen Maßnahmen orientieren. Vielmehr wird eine dauerhafte gesundheitsförderliche Unternehmens- und Führungskultur die Gesundheit der Mitarbeiter begünstigen.[75] Der Zielkatalog des BGM umfasst u.a. die Sicherstellung der Leistungsfähigkeit der Mitarbeiter, um damit krankheitsbedingte Kosten zu senken, die Umsetzung rechtlicher Vorgaben, die Sicherung der Attraktivität als Arbeitgeber und entsprechende Förderung von Arbeitszufriedenheit und Motivation der Beschäftigten sowie die Implementierung eines gesundheitsgerechten Führungs- verhaltens. Dem demografischen Wandel und Fachkräftemangel soll entgegenge- wirkt und ein positives Betriebsklima, Zusammenarbeit und Kommunikation begüns- tigt werden.[76] So verfolgt das BGM ebenfalls die Ziele der BGF, erweitert diesen Ansatz jedoch noch um die Integration der BGF in alle Arbeitsprozesse im Unter- nehmen.

Oppolzer unterteilt das BGM in drei Säulen, Arbeitssicherheit und Gesundheits- schutz, BGF und Integriertes Management/Human Resources Management (s. Anhang 5). Der öffentlich-rechtliche Gesundheitsschutz hat die Aufgabe Arbeits- schutz und Gesundheitsschutz zu sichern und zu verbessern und wird durch ver- schiedene Gesetze, Regelungen und Verordnungen gestützt. BGF bündelt in Ergän- zung zu den rechtlichen Regelungen verschiedene Maßnahmen zur Förderung der Gesundheit. Das Integrierte Management bezieht das Thema Gesundheit in sämtli- che Strukturen und Prozesse des Unternehmens als sog. Querschnittsaufgabe ein und verfolgt im Hinblick auf das Personalmanagement den Erhalt und die Förderung der Leistungsfähigkeit der Mitarbeiter, um die Rentabilität des Unternehmens sicher- zustellen.[77]

BGM ist aus salutogenetischer Perspektive dann erfolgreich, wenn personale, soziale und organisationale Ressourcen gestärkt und Beschäftigte in ihren Möglich- keiten der Bewältigung von Arbeitsbelastungen gefördert werden.[78]

3.3.1 Rechtliche Rahmenbedingungen

Die Rahmenbedingungen für gesundheitsbezogene Maßnahmen im Unternehmen und somit auch insbesondere für gesundheitsförderliche Führung werden im Wesent-

---

[75] Vgl. Kern/Vosseler (2013), S. 141.
[76] Vgl. Berninger-Schäfer (2013), S. 27 f.
[77] Vgl. Oppolzer (2010), S. 22 f.
[78] Vgl. Schmidt/Wilkens (2009), S. 593.

lichen durch die bereits im Kapitel 3.2 dargelegten internationalen Leitlinien der Ottawa-Charta zur Gesundheitsförderung der WHO und der Luxemburger Deklaration zur BGF geprägt.

Als normativer Rahmen gilt die Umsetzung der in 1989 von der Europäischen Union verabschiedeten *Rahmenrichtlinie 89/391/EWG* über *Die Durchführung von Maßnahmen zur Verbesserung der Sicherheit und des Gesundheitsschutzes der Arbeitnehmer bei der Arbeit* in nationales Recht, das *Arbeitsschutzgesetz* (ArbSchG). In Artikel 6 der Rahmenrichtlinie wird der Arbeitgeber verpflichtet, für die Sicherheit und den Gesundheitsschutz der Arbeitnehmer mit den dafür erforderlichen Maßnahmen Sorge zu tragen.[79] Dementsprechend ist auch der Zweck des ArbSchG ausgerichtet, die Sicherheit und Gesundheit der Arbeitnehmer zu sichern und zu verbessern. Nach § 3 Absatz 1 ArbSchG ist der Arbeitgeber verpflichtet, die jeweils erforderlichen Maßnahmen des Arbeitsschutzes unter Berücksichtigung derjenigen Umstände zu treffen, welche die Sicherheit und Gesundheit der Beschäftigten bei der Arbeit beeinflussen. Der allgemeine präventive Gesundheitsschutz der Arbeitnehmer zählt ebenfalls darunter.[80] Der Abreitgeber sollte alles in seiner Macht stehende unternehmen, um den Mitarbeiter vor Krankheit zu schützen. § 3 Absatz 2 ArbSchG führt auf, dass der Arbeitgeber zur Umsetzung von Arbeitsschutzmaßnahmen eine geeignete Organisation und geeignete Mittel zur Verfügung stellen muss. Dementsprechend müssen Vorkehrungen getroffen werden, damit die Maßnahmen bei sämtlichen Tätigkeiten und innerhalb der betrieblichen Führungsstrukturen Beachtung finden und die Beschäftigten ihren Mitwirkungspflichten nachkommen können. Der Arbeitsschutz ist somit als Gesamtaufgabe in die betrieblichen Strukturen zu integrieren. Um das Ziel des ArbSchG, den Arbeitsschutz vor allem zur Aufgabe der Führungskräfte zu machen, müssen insbesondere in großen Organisationen die Verantwortungsbereiche der verschiedenen Führungskräfteebenen klar festgelegt werden, um die Einbettung von Maßnahmen in die betriebliche Struktur zu gewährleisten.[81]

Die Pflichten der Arbeitnehmer werden in §§ 15 und 16 ArbSchG geregelt, denn nicht nur allein der Arbeitgeber steht in der Pflicht für die Arbeitssicherheit seiner Arbeitnehmer zu sorgen, sondern die Mitarbeiter selbst haben einen wesentlichen Anteil an dem Erhalt ihrer eigenen Gesundheit. § 15 Abs. 1 ArbSchG verdeutlicht hierbei die

---

[79] Vgl. Richtlinie 89/391/EWG, Artikel 6 Absatz 1.
[80] Vgl. Neufeld (2011), S. 107.
[81] Vgl. Kollmer (2008), S. 34 f.

zentrale Bedeutung der Doppelrolle der Führungskraft, denn es ist neben der eigenen Vorsorge ebenfalls für den Arbeitsschutz von Personen zu sorgen, die durch das eigene Handeln oder auch Unterlassen betroffen sind.[82]

§ 5 regelt die Beurteilung der Arbeitsbedingungen durch den Arbeitgeber oder dessen Beauftragte. Hierunter zählt insbesondere die *Gefährdungsbeurteilung*, d.h. die systematische Einschätzung verschiedener Gefahrenpotentiale innerhalb der Arbeit der Mitarbeiter mit einer anschließenden Ableitung entsprechender Maßnahmen. Die Gefährdungsbeurteilung ist ein zentrales Instrument des betrieblichen Arbeits- und Gesundheitsschutzes und umfasst neben physischen Gestaltungsfaktoren auch die psychischen Belastungen, die bei der Arbeit auftreten können. Letzteres wirft zunehmend Fragen auf und erschwert in vielen Unternehmen eine aussagekräftige Gefährdungsanalyse.[83] Wie bereits eingangs erläutert, zählt hierunter auch der Faktor Führung, der sich als Stressor negativ auf die psychische Gesundheit von Mitarbeitern auswirken kann. Insofern hat der Arbeitgeber dafür Sorge zu tragen und entsprechende Maßnahmen zu ergreifen, damit seine Führungskräfte keinen negativen Einfluss auf die Mitarbeitergesundheit ausüben.

Das *Sozialgesetzbuch* (SGB) soll im Allgemeinen zur Verwirklichung sozialer Gerechtigkeit und sozialer Sicherheit beitragen.[84] In SGB V, §§ 1 und 20 werden die Zuständigkeiten von Krankenkassen und Unfallversicherungsträgern geregelt. Ihre Verpflichtung im Hinblick auf Prävention und Betriebliche Gesundheitsförderung wird besondere Bedeutung beigemessen. SGB VII erteilt der gesetzlichen Unfallversicherung einen erweiterten Präventionsauftrag. Erkrankt ein Mitarbeiter innerhalb von zwölf Monaten länger als sechs Wochen am Stück oder ist gänzlich arbeitsunfähig hat der Arbeitgeber die Aufgabe ein Betriebliches Eingliederungsmanagement (BEM) zu beginnen. Als gesetzliche Grundlage dient § 84 SGB IX. Ziel ist es, die aktuelle Phase der gehäuften Arbeitsunfähigkeit zu überwinden und dem Auftreten neuer Erkrankungen, einhergehend mit erneuten Krankheitsphasen, vorzubeugen.[85]

Das *Betriebsverfassungsgesetz* (BetrVG) regelt die Rechte und Pflichten der Betriebs- und Personalräte. In Bezug auf die gesundheitsförderliche Arbeitsgestaltung der Arbeitnehmer werden ihnen umfassende Kompetenzen eingeräumt. So ist die

---

[82] Vgl. Holzträger (2012), S. 46.
[83] Vgl. Bamberg/Ducki/Metz (2011b), S. 119.
[84] Vgl. § 1 SGB I.
[85] Vgl. § 84 II SGB IX.

Interessenvertretung bei Planung von Arbeitsverfahren und -abläufen zu unterrichten, sie besitzt Kontrollrechte bzgl. der Einhaltung von Sicherheitsvorschriften, sie können Vorschläge hinsichtlich Gesundheitsmaßnahmen im Betrieb unterbreiten und bei Unfallverhütung, Gesundheitsförderung und Arbeitszeitregelungen mitwirken. Hinsichtlich der Bestellung von Betriebsärzten, Fachkräften für Arbeitssicherheit und Sozialplänen besteht ein Einigungszwang.[86] Die *Steuergesetzgebung* ist in diesem Kontext auch zu erwähnen, da sie seit 2009 Gesundheitsförderung weiter begünstigt. In § 3 Nr. 34 Einkommenssteuergesetz werden unter bestimmten Voraussetzungen Unternehmen Steuerbefreiungen für verschiedene Angebote für Mitarbeiter, wie Kurse zur Stressbewältigung, gesunde Ernährung etc. bis zu 500 Euro jährlich pro Beschäftigten begünstigt.[87]

Dieser Einblick in die Vielzahl der rechtlichen Regelungen zur Förderung gesundheitsbezogener Maßnahmen bietet eine erste Grundlage, die Gesundheit der Mitarbeiter umfassend zu schützen und an verschiedenen Handlungsfeldern anzusetzen. Dennoch stellt die Umsetzung dieser möglichen Maßnahmen weiterhin eine Herausforderung für Unternehmen dar, da das rechtliche System als zu unübersichtlich kritisiert wird.[88]

3.3.2 Wettbewerbsvorteil der gesunden Belegschaft

„Je gesünder die Mitarbeiter, desto gesünder das Unternehmen."[89] Gesundheitliche Beeinträchtigungen der Mitarbeiter beeinflussen deren Leistungsbereitschaft und -fähigkeit negativ. Ein niedriger Krankenstand sorgt zudem für geringere Kosten im Unternehmen, die aufgrund von Lohnfortzahlung, einem Mehraufwand in der Arbeitsorganisation, Qualitäts- und Servicemängeln und durch die Mehrbelastung der Kollegen entstehen würde.[90] In Anbetracht des demografischen Wandels wird es zu einer Notwendigkeit, Mitarbeiter auch über die Altersgrenze von 65 Jahren hinaus gesund zu erhalten und damit Personalengpässen entgegenzuwirken. Insbesondere der wachsende Anteil älterer Arbeitnehmer in Unternehmen birgt die Gefahr hoher

---

[86] Vgl. Bamberg/Ducki/Metz (2011b), S. 119; vgl. §§ 80, 87-91 BetrVG.
[87] Vgl. Bamberg/Ducki/Metz (2011b), S. 119.
[88] Vgl. Bamberg/Ducki/Metz (2011b), S. 120.
[89] Matyssek (2003), S. 35.
[90] Vgl. Feßler/Guldenschuh-Feßler (2013), S. 12.

Krankheitskosten, da diese Arbeitnehmergruppe eine signifikant höhere Krankheitsdauer im Vergleich zu jüngeren Arbeitnehmern aufweist (s. Anhang 6).[91]

Dennoch reicht es nicht aus, nur anwesend und somit im Auge des Unternehmens gesund zu sein. Es geht soweit, dass der Mitarbeiter sich an seinem Arbeitsplatz wohlfühlen muss, da er einen Großteil seines Lebens dort verbringt. In erster Linie ist es hierbei nicht notwendig horrende Summen für die Gehälter aufzubringen, um so seine Mitarbeiter zufrieden zu stellen. Wichtiger ist der Aspekt, den bereits die WHO in der Definition des Gesundheitsbegriffs aufgegriffen hat, das psychosoziale Wohlbefinden. Die zwischenmenschlichen Beziehungen die hierunter fallen, lassen sich schwer messbar machen, doch ihre Auswirkungen sind umso deutlicher zu erkennen, u.a. in der Leistung und Produktivität, der Motivation, der Leistungsbereitschaft und im Krankenstand. In den meisten Fällen, verlassen die Mitarbeiter nicht das Unternehmen, sondern ihre eigenen Führungskräfte.[92] Umgekehrt verdeutlicht es ebenfalls, dass gute Führung Mitarbeiter an das Unternehmen bindet.

Es steht außer Frage, dass Organisationen nicht dazu geschaffen werden, die Gesundheit von Beschäftigten zu fördern, sondern vorrangig andere Ziele verfolgen. Nun verlangen es die gesetzlichen und ethischen Verpflichtungen des Arbeitgebers, Gesundheitsrisiken vorzubeugen und zu beseitigen, dass diese Ziele nicht der Beschäftigtengesundheit übergeordnet werden dürfen. Auch betriebswirtschaftlich ist davon auszugehen, dass sich dies auszahlt. Nicht zu vernachlässigen sind ebenso die positiven Auswirkungen auf das Arbeitgeberimage. Mitarbeiter, um die sich in besonderem Maße gekümmert wird, nehmen diese Wertschätzung des Arbeitgebers aktiv wahr und erhöhen ihre Bindung und Loyalität zum Unternehmen. Gerade auf dem stark umkämpften Arbeitsmarkt und in Anbetracht des Fachkräftemangels kann man mit bewusstem Einsatz gesundheitsförderlicher Maßnahmen die Wettbewerbsposition ausbauen und sich als attraktiven Arbeitgeber positionieren. Spüren die Mitarbeiter, den Aufwand, den das Unternehmen betreibt, um sich für ihre Gesundheit einzusetzen, kommunizieren sie es mittels Mund-zu-Mund-Propaganda weiter.[93] Nur mit gesunden Mitarbeitern kann man im Wettbewerb zu anderen Unternehmen weiterhin bestehen. Sie leisten bessere Arbeit, denken aktiv mit, treten Veränderungen positiver gegenüber, entlasten ihre Führungskräfte, können mit ihren Ressour-

---

[91] Vgl. Netta (2009), S. 71 f.
[92] Vgl. Grubendorfer (2012), S. 34.
[93] Vgl. Berger/Zimber (2006), S. 21 ff.

cen besser umgehen, sind motivierter, belastbarer, seltener krank, weisen eine hohe Unternehmensbindung auf und führen das Unternehmen so zu mehr Erfolg.[94]

3.3.3 Gesundheitsaufgaben der Führungskräfte

Bei der Umsetzung von Gesundheitsaufgaben im Unternehmen herrschen zwei ergänzende Strategien zur Erhaltung der Mitarbeitergesundheit vor. Zum einen agiert die Führungskraft im Arbeits- und Gesundheitsschutz als *Sicherheitsmanager*. Hier wird der gesetzlich geregelten Fürsorgepflicht des Vorgesetzten Rechnung getragen. Im Fokus stehen vor allem technische Themen. Daneben existiert die Funktion als *Ressourcenmanager* in der BGF, in der soziale, organisatorische und personale Ressourcen beeinflusst werden können. Es werden dabei insbesondere die weichen Faktoren und psychosoziale Aspekte der Führung aufgegriffen. Ergänzend zum klassischen Schutzmotiv des Arbeitsschutzes tritt somit das Fördermotiv zunehmend in den Vordergrund. Dies entspricht dem Wandel von der pathogenetischen hin zur salutogenetischen Sichtweise.[95]

Im Rahmen eines Projektes der Berufsgenossenschaft für Gesundheitsdienste und Wohlfahrt, welches das Ziel verfolgte, Führungskräfte zu stärken, um ihre Einfluss-möglichkeiten auf die Gesundheit der Mitarbeiter zu erkennen und wahrzunehmen, wurde eine umfangreiche Literaturrecherche durchgeführt. Daraus ließen sich die Gesundheitsaufgaben der Führungskräfte, aufgeteilt auf die Managementebenen ableiten, die sich in vier Hauptbereiche unterteilen (s. Darst. 4).[96]

---

[94] Vgl. Feßler/Guldenschuh-Feßler (2013), S. 74.
[95] Vgl. Zimber/Gregersen (2006), S. 9 f.
[96] Vgl. Zimber/Gregersen (2007), S. 5.

Oberes Management	**1. Gesundheit und Sicherheit zum Ziel und Thema machen**	• Mitarbeiterorientierung im Unternehmen • Gesundheitsförderung als Unternehmensziel • Strukturen des Gesundheitsschutzes • Gesundheitswissen und -verantwortung der Führungskräfte
	2. Für Arbeitssicherheit sorgen	• Gesundheitsfragen aktiv aufgreifen • Gesundheitsthemen bei Dienstbesprechungen • Betriebliche Angebote zum Gesundheitsschutz • Transfersicherung bei Gesundheitsthemen
Mittleres Management	**3. Arbeitstätigkeiten gesundheitsfördernd gestalten**	• Zuweisung von Aufgaben und Verantwortlichkeiten • Gesundheitsgerechte Arbeitsumgebung • Effiziente Arbeitsorganisation • Mitarbeiterorientierung bei der Gestaltung der Arbeitsabläufe
Unteres Management	**4. Mitarbeiter motivierend und partizipativ führen**	• Beteiligung der Mitarbeiter an Entscheidungen • Anerkennung und Wertschätzung • Umgang mit Kritik und Konflikten • Ansprache bei persönlichen Problemen

Darst. 4: Zentrale Gesundheitsaufgaben von Führungskräften. Quelle: Eigene Darstellung in Anlehnung an Zimber/Gregersen (2007), S. 8-10.

Die aufgezeigten Handlungsfelder beinhalten neben notwendigen Führungsstrukturen, d.h. formalen Bedingungen, auch das Führungsverhalten des Vorgesetzten. An der Umsetzung der erforderlichen Maßnahmen, die daraus resultieren, sind alle Managementebenen beteiligt. Die ersten beiden Aufgaben, *Gesundheit und Sicherheit zum Ziel und Thema machen* und *Für Arbeitssicherheit sorgen* liegen vor allem im Verantwortungsbereich des oberen Managements, müssen jedoch gleichwohl von den beiden untergeordneten Managementebenen getragen werden. Das obere Management legt zunächst fest, welchem Stellenwert Gesundheit im Unternehmen zukommt und ob auch über gesetzliche Regelungen hinaus (hierzu Kapitel 3.3.1) Maßnahmen zur Gesundheitsförderung getroffen werden.[97] Besondere Bedeutung kommt jedoch den Führungskräften auf mittlerer und unterer Managementebene zu.[98] Führungskräfte auf diesen Hierarchiestufen können einen stärkeren Einfluss auf die Mitarbeiter nehmen, als es im oberen Management möglich ist, da dort geringere Personalverantwortung vorherrscht. Die *gesundheitsförderliche Gestaltung der Arbeitstätigkeiten* fällt in den Aufgabenbereich des mittleren Managements, die *Mitarbeiterführung* im Sinne der direkten Interaktion mit den Mitarbeitern, in den der

---

[97] Vgl. Zimber/Gregersen (2006), S. 19.
[98] Vgl. Franke/Vincent/Felfe (2011), S. 371 f.

mittleren und vor allem der unteren Führungsebene. Führungskräfte im unteren Management, die direkten Vorgesetzten, haben die meisten Kontaktpunkte zu den Mitarbeitern und können dadurch den potentiell stärksten Einfluss auf das Gesundheitsverhalten der Mitarbeiter ausüben. Die Umsetzung der genannten Aufgaben verspricht allerdings nur den gewünschten Erfolg, wenn sich die Führungskräfte an den nächsthöheren Vorgesetzten orientieren können und von diesem unterstützt werden.[99] Es zeigt sich, dass alle Hierarchieebenen des Unternehmens an der Gestaltung der gesundheitsorientierten Unternehmenskultur beteiligt sein müssen, ihnen in diesem Zusammenhang jedoch spezifische Aufgaben obliegen, um die nachhaltige Verankerung in dem Bewusstsein der Mitarbeiter zu bewirken.

---

[99] Vgl. Zimber/Gregersen (2006), S. 18 ff.

4 Wissenschaftlicher Zusammenhang von Führung und Gesundheit

4.1 Stand der Forschung

Gesunde und motivierte Mitarbeiter tragen positiv zum Unternehmenserfolg bei. Diese Tatsache hat bewirkt, dass der Einfluss der Führungskultur auf die Gesundheit von Mitarbeitern in den vergangenen Jahren stark in den Fokus gerückt ist. In diesem Zusammenhang sind eine Reihe von empirischen Studien durchgeführt worden, um zu verdeutlichen wo genau die Zusammenhänge liegen und welche Einflussmöglichkeiten der Führungskraft im Speziellen zukommen.[100] Auf der Grundlage von 49 empirischen Untersuchungen konnten Gregersen et al. zu den untersuchten Einflussfaktoren genaue Wirkungszusammenhänge belegen (s. Anhang 7). Den zahlreichen Studien ist die Untersuchung von Führungsverhalten als Stressor bzw. Risikofaktor auf der einen und als mögliche Ressource auf der anderen Seite, gemeinsam.

4.1.1 Führungsverhalten als Stressor und Ressource

Eine Führungskraft, die von ihren Mitarbeitern von oben herab (autokratische Führung) oder auch als einzelgängerisch (selbstzentrierte Führung) wahrgenommen wird, bewirkt negative gesundheitliche Beeinträchtigungen auf Seite der Mitarbeiter. Die Auswirkungen dieses Führungsverhaltens mit dem Ergebnis der höheren Fehlzeiten, Präsentismus und Gesundheitsbeeinträchtigungen konnten Nyberg et al. in ihren Studien nachweisen.[101] Auch der erste deutsche zusammenfassende Überblick zum Stand der Forschung im Bereich Führung und Gesundheit von Gregersen et al. zeigt auf, dass Verhaltensweisen des Vorgesetzten, wie Ungeduld, Beleidigung und unzureichendes Konfliktmanagement, besonders selbstwertbedrohend wirken und somit erhöhte Fehlzeiten, hohes Stressempfinden, Langzeiterkrankungen und sogar den Wunsch nach dem Arbeitgeberwechsel bewirken.[102]

Demgegenüber wurde das Führungsverhalten als gesundheitsförderliche Ressource untersucht. Als Ergebnis verschiedener Studien zeigt sich, dass soziale Unterstüt-

---

[100] Beispielhaft sind zu nennen: Gregersen et al. (2011); Kuoppala et al. (2008); Nyberg/Bernin/Theorell (2005); Skakon et al. (2010).

[101] Vgl. Stilijanow/Bock (2013), S. 145 f.; vgl. Nyberg/Bernin/Theorell (2005), S. 23 f.

[102] Vgl. Gregersen et al. (2011), S. 7.

zung durch den Vorgesetzten einer der Erfolgsfaktoren gesundheitsförderlicher Führung ist. Dabei signalisiert der Vorgesetzte dem Mitarbeiter, dass er sich auf ihn verlassen kann, er für ihn da ist und im Notfall hinter ihm steht (s. dazu auch Kapitel 6.2.2).[103] Geringe soziale Unterstützung verstärkt die Wirkung sozialer Stressoren und führt letztlich zu Symptomen von Depressionen. Hohe soziale Unterstützung hingegen führt sogar zum Rückgang depressiver Symptome, auch wenn soziale Stressoren, wie z.B. Konflikte mit Kollegen, zunehmen. Weitere Ressourcen, deren positive Korrelation mit Gesundheit erwiesen ist, stellen „die Bereitschaft des Vorgesetzten, Beteiligungsmöglichkeiten einzuräumen, Anerkennung bzw. Wertschätzung und die Kommunikation mit dem Vorgesetzten"[104] dar. Diese Faktoren bewirken geringere Fehlzeiten, gute psychische Gesundheit, Arbeitszufriedenheit und ein geringeres Stressempfinden bei den Beschäftigten.[105]

4.1.2 Wirkung verschiedener Führungskonzepte

Des Weiteren wurden verschiedene Führungsstile auf ihre gesundheitliche Wirkung untersucht. Dabei wirkten transformationale Führung sowie ein mitarbeiterorientierter Führungsstil und in geringerem Maße auch transaktionale Führung gesundheitsfördernd.

Häufigster Untersuchungsgegenstand ist der Einfluss der *transformationalen Führung*. Hierbei agiert der Vorgesetze als Vorbild, erzeugt Respekt und Vertrauen, motiviert seine Mitarbeiter zugleich, fördert und unterstützt diese. Die vier Faktoren der transformationalen Führung sind Charisma, Inspiration/Motivation, Intellektuelle Stimulation und Individualisierte Fürsorge.[106] Es wurde nachgewiesen, dass Stresssymptome und Burnout mit Anwendung dieses Führungsstils reduziert werden konnten. Chronischer Stress kann durch Einsatz transformationaler Führung vermieden werden. Außerdem nimmt die Bedeutung der Arbeit für die Mitarbeiter zu, was sich wiederum positiv auf deren Wohlbefinden auswirkt.[107]

Der gleiche Einfluss auf gesundheitsorientiertes Verhalten durch den Einsatz der *transaktionalen Führung* konnte nicht vollständig nachgewiesen werden, auch wenn

---

[103] Vgl. Blessin/Wick (2013), S. 331 f.
[104] Gregersen et al. (2011), S. 7 f.
[105] Vgl. Gregersen et al. (2011), S. 7.
[106] Vgl. Blessin/Wick (2013), S. 115 ff.
[107] Vgl. Gregersen et al. (2011), S. 8.

sich einige Teilaspekte dieses Führungsstils gesundheitsfördernd auswirken. Transaktionale Führung lässt sich durch den wechselseitigen Austausch von Mitarbeiter und Vorgesetztem charakterisieren und basiert auf dem Prinzip der Verstärkung. Der Vorgesetzte kommuniziert dem Mitarbeiter die gewünschte Leistung und entscheidet je nach Ergebnis, ob der Mitarbeiter mit positiven und negativen Konsequenzen zu rechnen hat. Während der Aufgabenbewältigung setzt er auch korrigierende Maßnahmen ein, um die Zielerreichung sicherzustellen. Er unterstützt die Mitarbeiter, wenn er der Überzeugung ist, dass sie sich anstrengen.[108] Die Dimension der leistungsorientierten Belohnung, d.h. das Austauschprinzip zwischen Leistung und Belohnung, konnte sich als gesundheitsfördernde Komponente ausweisen. Ein ausschließlich transaktionaler Führungsstil wird jedoch nicht empfohlen, da die Gefahr von Gesundheitsbeeinträchtigungen besteht.[109]

Die *Laissez-faire-Führung* ruft nachgewiesen eine gesundheitsschädigende Wirkung hervor.[110] Innerhalb dieses Führungsstils erfolgt keine Führung im eigentlichen Sinne, wie sie ausgangs charakterisiert wurde (s. Kapitel 2.2). Dem Mitarbeiter wird hierbei völlige Aktionsfreiheit gewährt, er führt seine Aufgaben selbstständig durch und der Vorgesetzte gibt weder Anordnungen noch Anregungen. Er greift so nicht in die Handlungsprozesse ein, sondern agiert passiv.[111]

Ein anderes Ergebnis zeigen Untersuchungen zum Konzept der *Aufgaben- und Mitarbeiterorientierung*. Aufgabenorientierung beschreibt das Führungsverhalten, dass in unmittelbaren Zusammenhang mit der Arbeitsaufgabe steht. Eine hohe Mitarbeiterorientierung charakterisiert sich durch das positive Verhältnis zwischen Mitarbeiter und Vorgesetztem, dass durch Vertrauen, Respekt und Anerkennung gekennzeichnet wird. Besser bekannt sind diese Dimensionen des Führungsverhaltens unter dem Verhaltensgitter von Blake und Mouton (s. Anhang 8).[112] Hier konnten in allen Längs- und Querschnittstudien positive Zusammenhänge zwischen mitarbeiterorientierter Führung und Arbeitszufriedenheit, Stress, Burnout sowie anderen gesundheitlichen Beschwerden beobachtet werden. Bei aufgabenorientierter Führung ließ sich keine eindeutige Wirkung auf die Gesundheit feststellen. Es bleibt offen, ob nur in Kombination mit mitarbeiterorientierter Führung ein positiver

---

[108] Vgl. Blessin/Wick (2013), S. 117.
[109] Vgl. Nyberg/Bernin/Theorell (2005), S. 23, 27.
[110] Vgl. Nyberg/Bernin/Theorell (2005), S. 23.
[111] Vgl. Berthel/Becker (2013), S. 173.
[112] Vgl. Jung (2011), S. 425.

Gesundheitseffekt ausgeübt wird oder sich aufgabenorientierte Führung neutral zu Gesundheit verhält.[113]

Die Forschung tendiert im Allgemeinen eher dazu, bestimmte vorherrschende Führungsstile bzw. -verhalten zu untersuchen, als neue Konzepte hervorzubringen. Ergebnisse der Wirksamkeit der Führungsstile sind in Darst. 5 zusammengefasst. Welche genauen Aspekte der aufgeführten Führungsstile sich positiv auf die Mitarbeitergesundheit auswirken wird in Kapitel 6.2 erläutert.

Führungskonzepte	Verhalten der Führungskraft	Mitarbeitergesundheit
Transformationale Führung	Vorbild; erzeugt Respekt, Vertrauen, Loyalität; motiviert, fördert und unterstützt	++
Transaktionale Führung	Macht gewünschte Leistung deutlich, gibt Anreize; Sanktionen bei Nichterreichung	+
Mitarbeiterorientierte Führung	Echtes Interesse am Menschen; räumt Mitbestimmungs- möglichkeiten ein	++
Aufgabenorientierte Führung	Führungskraft definiert Ziele, macht Vorgaben zur Erfüllung und kontrolliert Zielerreichung	-/o/+ + Eher in Kombination mit hoher Mitarbeiterorientierung!
Laissez-faire-Führung	Passives Verhalten der Führungs- kraft, keine Führung	-

Darst. 5: Wirkung verschiedener Führungskonzepte. Quelle: In Anlehnung an Gregersen et al. (2011), S. 8.

4.2 Belastungen und Beanspruchungen in der Arbeitswelt

Um zu verdeutlichen, welche Reize und Einflüsse auf den Mitarbeiter wirken und welche genauen Auswirkungen sie nehmen können, wird nachfolgend das Wirkungsgefüge von Belastungen und Beanspruchungen genauer betrachtet. Es dient u.a. als Grundlage für die Erklärung arbeitsbedingter Gesundheitsstörungen und Erkrankungen und ist hilfreich bei der Konzeption sämtlicher Maßnahmen für die Gestaltung menschengerechter Arbeitsbedingungen, da es Risikokonstellationen veranschaulicht.

---

[113] Vgl. Gregersen et al. (2011), S. 8.

Für psychische Belastungen und Beanspruchungen wurde mittels der ISO Norm im Jahr 2000 eine terminologische Einigung erreicht.[114] Der Begriff *Belastung* wird definiert durch die äußeren Einflüsse, die auf den Menschen zukommen und auf ihn einwirken.[115] Körperliche, geistige und soziale Anforderungen die während der Arbeit auf den Mitarbeiter einwirken, bilden in ihrer Summe die Gesamtbelastung. Belastung ist in der Arbeitswissenschaft ein neutraler Begriff, auch wenn dieser im Alltag häufig negativ bewertet wird. Was im negativen Zusammenhang eigentlich gemeint ist, ist die Fehlbelastung, die dann letztlich negative Auswirkungen auf den Organismus nehmen kann. Aber die körperliche und psychische Belastung als solche führt nicht zwingend zu einer negativen *Beanspruchung*, die während der Verrichtung der Arbeitstätigkeit auftritt. Sie wird nach der DIN EN ISO 10075-1 definiert als „unmittelbare, nicht langfristige Auswirkung der Belastung im Individuum in Abhängigkeit von seinen jeweiligen überdauernden und augenblicklichen Voraussetzungen, einschließlich der individuellen Bewältigungsstrategien"[116]. Beanspruchung ist demnach die Reaktion der Mitarbeiter auf die auf ihn einwirkenden Einflüsse und geht einher mit einer Aktion des Organismus (s. Darst. 6). Bei hohen körperlichen Anforderungen tritt häufig eine physische Beanspruchung auf. Psychische Beanspruchung wird hingegen meistens von geistigen und sozialen Anforderungen hervorgerufen.[117]

---

[114] Vgl. Rudow (2004), S. 48.
[115] Vgl. BAuA (2010), S. 9.
[116] BAuA (2010), S. 10.
[117] Vgl. Rudow (2011), S. 37 ff.

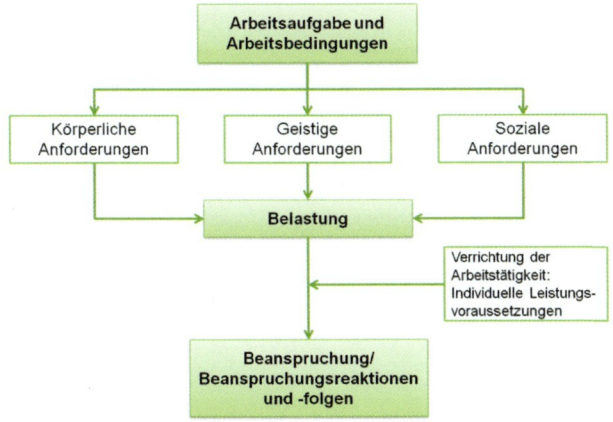

Darst. 6: Belastungs-Beanspruchungs-Konzept. Quelle: In Anlehnung an Rudow (2011), S. 38.

Die psychische Beanspruchung in Folge der psychischen Belastung wird durch Merkmale, Eigenschaften und Verhaltensweisen, die in der Person liegen, beeinflusst. Bei jedem Menschen unterscheiden sich die körperlichen, geistigen und genetischen Voraussetzungen. Das bedeutet Alter, Geschlecht, Allgemeinzustand, Kenntnisse, Fähigkeiten, Fertigkeiten, Motivation, Einstellung u.v.m. differenzieren von Mensch zu Mensch. Mittels individueller Bewältigungsstrategien reagiert der Mensch auf die Belastungen, indem er Problemlösungen sucht und umsetzt. Seine ihm gegebenen individuellen Leistungsvoraussetzungen beeinflussen dabei die Strategie, die er wählt.[118] Hierbei ist ebenfalls der Faktor der *Resilienz* (lat. resilere = abprallen) entscheidend. Resilienz ist die psychische Widerstandskraft des Menschen, um Krisensituationen und beeinträchtigende äußere Umstände zu bewältigen.[119] Es gibt Menschen, die alle Krisen in ihrem Leben zu meistern scheinen, ohne dabei den Mut und die Motivation zu verlieren. Sie besitzen die Fähigkeit, belastende Situationen zu bewältigen und dennoch ihre persönlichen Ressourcen zu erhalten bzw. weiterzuentwickeln. Menschen mit einer hohen Resilienz können mit Belastungen folglich einfacher umgehen. In einer Bertelsmann-Studie wurden von April bis September 2012 von 564 Personen aus 121 deutschen kleinen und mittelständischen Unternehmen sowie Konzernen Daten erhoben, die Aufschluss auf den Zusammenhang zwischen Resilienz, Gesundheit und Führung geben sollten. Es wurde deutlich belegt, dass Mitarbeiter mit einer hohen Resilienz weniger Burnout-

---

[118] Vgl. Riechert (2011), S 22.
[119] Vgl. Kastner (2010), S. 324.

Symptome und psychosomatische Beschwerden aufweisen. Resilienz sei nach Erkenntnissen der Studie trainierbar und es besteht die Möglichkeit, sie innerhalb von Resilienztrainings im Unternehmen weiterzuentwickeln. Dies ist gegebenenfalls ein neuer Ansatzpunkt für Unternehmen derartige Trainings in ihr Repertoire an Gesundheitsangeboten aufzunehmen.[120] Welche Belastungen es im Speziellen im Arbeitsumfeld geben kann und wie sich diese auswirken, wird im folgenden Kapitel erläutert.

4.2.1 Belastungen bei der Arbeit und deren Auswirkungen

Die Belastungen, denen der Mitarbeiter während seiner täglichen Arbeit gegenübersteht, unterteilen sich in körperliche (schweres Heben, Körperhaltung), psychische (Aufgabe, Organisation und Tätigkeitsbedingungen) und soziale Belastungen (Umgang mit Kollegen, Mobbing). Im Themenfeld Führung und Gesundheit kann vor allem bei den psychosozialen Belastungen angesetzt werden.[121] Diese werden wie folgt klassifiziert:[122]

1) *Arbeitsaufgabe*
   - zu hohe qualitative und quantitative Anforderungen, unklare Aufgabenübertragung, widersprüchliche Anweisungen, fehlender Handlungs- und Gestaltungsspielraum, Zeitdruck
2) *Arbeitsumgebung*
   - Umgebungseinflüsse
     (Lärm, Kälte, Schwingungen, Hitze, Beleuchtung)
3) *Arbeitsorganisation*
   - Informationsmangel, Mangel an Einflussmöglichkeiten an betrieblichen Entscheidungen, keine Entwicklungsmöglichkeiten, Arbeitszeiten, Unterbrechungen
4) *Soziale Beziehungen*
   - Konflikte mit Kollegen oder Vorgesetzten, Kommunikation, Zusammenarbeit im Team, Betriebsklima, Feedback.

Psychische Arbeitsanforderungen, die häufig auftreten und Mitarbeiter nachgewiesen belasten, konnten innerhalb der BIBB/BAuA-Erwerbstätigenbefragung 2011/2012

---

[120] Vgl. Bertelsmann Stiftung, Gesundheit, Führung und Resilienz, 2012,
http://www.bertelsmann-stiftung.de/cps/rde/xbcr/SID-5291CAA4-
E1056019/bst/xcms_bst_dms_38702_38703_2.pdf [Stand: 12.05.2014], S. 2, 11 f.

[121] Vgl. Blessin/Wick (2014), S. 325.

[122] Vgl. DGUV (2010), S. 11.

aufgezeigt werden (s. Anhang 9). Insbesondere verschiedene Arbeiten gleichzeitig zu betreuen (58 Prozent), starker Termin- und Leistungsdruck (52 Prozent), ständig wiederkehrende Arbeitsvorgänge (50 Prozent) und Unterbrechungen bei der Arbeit (44 Prozent) traten besonders häufig auf. Die einzeln empfundenen Belastungen der Mitarbeiter bei den aufgeführten Kriterien werden absolut betrachtet durch starken Termin- und Leistungsdruck (34 Prozent) und durch Unterbrechungen bei der Arbeit (26 Prozent) angeführt. Werden die Anforderung ihrer Häufigkeit nach gleichzeitig auch nach ihrer Belastung eingeordnet, liegt auf Spitzenposition deutlich das Arbeiten an der Grenze der Leistungsfähigkeit (74 Prozent) und intransparente Kommunikation (73 Prozent). Diese psychischen Anforderungen treten zwar weniger häufig auf, belasten die Mitarbeiter jedoch bei Auftreten umso mehr.[123] Das häufige, gleichzeitige und fortdauernde in Erscheinung treten dieser Arbeitsanforderungen birgt hohe Risiken und hat kurz-, mittel-, und langfristige Folgen für den Mitarbeiter sowie Auswirkungen auf die Bewältigung seiner Aufgaben (s. Darst. 7).

Kurzfristige Folgen	Mittel- bis langfristige Folgen	Folgen bzgl. der Bewälti-gung von Arbeitsaufgaben
Ermüdung, Monotonie, Sättigung, Konzentrationsprobleme, Angst, innere Anspannung, Nervosität, Reizbarkeit	Beeinträchtigung des körperlichen und seelischen Wohlbefindens, Angst, Resignation, Unzufriedenheit, Depression, Sucht, Schlafstörungen, psychosomatische Erkrankungen	Leistungsschwankungen, Abnahme der Arbeitsqualität, Kurzsichtige Entscheidungen, Konflikte mit Vorgesetzten und Kollegen, Zunahme von Fehlzeiten, Rückzugsverhalten

Darst. 7: Folgen von Fehlbeanspruchung. Quelle: In Anlehnung an Blessin/Wick (2014), S. 328.

Die hohe Belastungssituation der Mitarbeiter wird neben den Auswirkungen auf deren psychisches und physisches Wohlbefinden auch auf Unternehmensebene spürbar. Neben den bereits angesprochenen höheren Fehlzeiten kann es gleichfalls zur Fluktuation von Mitarbeitern, mangelhaften Arbeitsbeziehungen und mangelhaften Arbeitsprozessen und -ergebnissen kommen (s. Anhang 10).[124]

---

[123] Vgl. Lohmann-Haislah (2012), S. 34 f.
[124] Vgl. Stadler/Spieß (2002), S. 12.

4.2.2 Einflussmöglichkeiten der Führungskräfte

Führungskräften wird bei der Erhaltung und Förderung der Mitarbeitergesundheit eine Schlüsselrolle zuteil. Zum einen können sie bestehende Arbeitsbelastungen wie z.B. Zeitdruck und Umgebungsbelastungen durch Einflussnahme auf die Arbeitsorganisation und Arbeitsumgebung reduzieren. Auf der anderen Seite haben sie die Möglichkeit ihre Mitarbeiter durch organisatorische und soziale Ressourcen, Einräumung von Tätigkeitsspielräumen und soziale Unterstützung, gesundheitsorientiert zu führen. Eingebettet in das unter Kapitel 4.2 erläuterte Belastungs-Beanspruchungs-Konzept, ermöglicht es den Vorgesetzten Arbeitsbelastungen zu vermeiden und zu verringern, sowie bereits entstandene Beanspruchungsfolgen durch die Bereitstellung von Ressourcen zu kompensieren (s. Darst. 8). Durch die Reduzierung vermeidbarer Belastungen nehmen Führungskräfte traditionelle Aufgaben im Arbeitsschutz wahr und können zusätzlich mittels der Ressourcenförderung dem erweiterten Präventionsauftrag der Berufsgenossenschaften gerecht werden.[125]

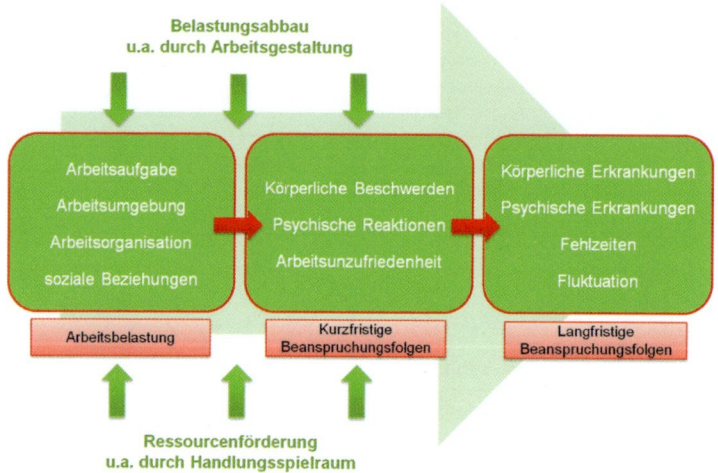

Darst. 8: Einflussfaktoren der Führungskraft auf den Belastungs-Beanspruchungs-Prozess.
Quelle: Eigene Darstellung in Anlehnung an Zimber/Gregersen (2007), S. 4.

In der Praxis zeigt sich jedoch noch häufig, dass sich dieses Verständnis als Gesundheitstreiber zu agieren noch nicht überwiegend durchsetzen konnte und sie ihren Einfluss auf die Gesundheit ihrer Mitarbeiter, hinsichtlich der Gestaltung von

---

[125] Vgl. Zimber/Gregersen (2007), S. 4 f.

Rahmen- und Arbeitsbedingungen sowie ihrer Wirkung als Vorbild, unterschätzen.[126] Doch neben dem direkten Einfluss des Führungsstils wirkt der mittelbare Einfluss der Führung über wahrgenommene Arbeitsbedingungen ebenfalls deutlich. Nicht nur das Verhalten des Vorgesetzten als solches, sondern durch die Arbeitsaufgaben, -umgebung und -organisation, die er aktiv gestaltet werden von den Mitarbeitern wahrgenommen beeinflussen ihr gesundheitliches Befinden. Sind sich Führungskräfte dieser Zusammenhänge bewusst, können sie gezielte Maßnahmen zur Umsetzung vornehmen. Eine bewusstseinsfähige Gestaltung gesunder Arbeitsbedingungen durch Ressourcenaufbau und Belastungsabbau wird jedoch nur gelingen, wenn sich die Führungskraft über die Fähigkeit gesunder Selbstführung verfügt, die im folgenden Kapitel dargestellt wird.

---

[126] Vgl. Matyssek (2010a), S. 33; vgl. Zimber/Gregersen (2007), S. 2 f.

5 Gesunde Selbstführung

5.1 Arbeitssituation von Führungskräften

Führungskräfte sind in der Regel Persönlichkeiten, die sich für ihre Arbeit und die damit verbundenen Aufgaben interessieren, die erfolgsorientiert arbeiten und gerade deshalb in diese Führungsposition aufgestiegen sind. Dazu zählt auch, dass sie vorrangig proaktiv arbeiten und nicht darauf warten Aufgaben übertragen zu bekommen. Diese förderungswürdigen Führungskräfte haben Aussicht auf weitere Karriereschritte, wenn sie sich mit Projekten gegenüber dem Management sichtbar machen und neben dem Tagesgeschäft *Ja* zu neuen Aufgaben sagen. Dieser Umstand führt zu einem Anstieg des Arbeitspensums der Führungskräfte, die wissen, dass sie durch qualitativ hochwertige und auch schnelle Resultate besonders positiv auffallen. Gleichzeitig sinken die Zeitressourcen. Hinzu kommen außerdem zeitaufwendige Meetings und Gespräche, die als Zusatzbelastung wahrgenommen werden. Und die eigentlichen Führungsaufgaben dürfen ebenfalls nicht vergessen werden. Erfolgsorientierte Mitarbeiter werden den Wunsch nach geringerem Arbeitstempo oder besser verteilten Aufgaben als Zeichen ihrer Schwäche oder Überforderung voraussichtlich weniger offen äußern, aus Angst, nicht weiter als Leistungsträger wahrgenommen zu werden.[127]

An die Führungskraft als Leistungstreiber werden in der heutigen Arbeitswelt hohe Erwartungen gestellt. Einerseits unterliegen sie selbst hohem Leistungsdruck, müssen ihre Ziele erreichen, tragen Verantwortung für die Einhaltung von Deadlines und Aufgaben. Andererseits tragen sie auch Verantwortung für ihre eigenen Mitarbeiter und deren Wohlbefinden. In diesem Spannungsverhältnis, der sog. Sandwichposition, also den Anforderungen von oben und von unten gleichermaßen gerecht zu werden, lastet ein hoher Druck auf ihnen.[128] Die Führungsrolle stellt an sich bereits einen Stressor für die Führungskraft dar. Sie muss zum einen die Interessen der eigenen Mitarbeiter vertreten und gleichzeitig die Interessen der Unternehmensleitung durchsetzen können. Außerdem sind Führungskräfte nicht als gleichrangiger Teil des Teams zu sehen, da sie aufgrund ihrer Position eine herausgehobene Stellung einnehmen. Sie haben es schwer, sich jemandem hinsichtlich ihrer eigenen Probleme anzuvertrauen. Auch wenn sie eine vertrauensvolle Nähe zu ihren Mitar-

---

[127] Vgl. Stilijanow/Bock (2013), S. 155 f.
[128] Vgl. Homma/Bauschke (2010), S. 51.

beitern herstellen sollen, ist es wichtig, die notwendige Distanz zu wahren. Beides erscheint schwierig, da der Vorgesetzte kontinuierlich beobachtet und bewertet wird. Und auch Distanz wird wahrgenommen und gegebenenfalls negativ bewertet, obwohl sie genauso wie die Nähe zu den Mitarbeitern eine wichtige Voraussetzung für die Entscheidungsfindung ist.[129] Vorgesetzte nehmen im Rahmen von gesundheitsfördernden Maßnahmen eine Multiplikatorenrolle ein. Zum einen haben sie Vorbildcharakter und zum anderen gestalten sie die Arbeitsbedingungen ihrer Mitarbeiter wesentlich mit.[130] Sie beeinflussen die Aufgabenverteilung, organisieren Arbeitsabläufe mit und entscheiden über Weiterbildungsmöglichkeiten der Mitarbeiter. Auch die Kommunikation innerhalb der Abteilung wird aktiv durch sie geprägt.[131]

Die folgenden Faktoren empfanden Führungskräfte einer Umfrage nach als besonders starke Belastung währen ihrer Arbeit: hohe Verantwortung, große Arbeitsmengen, Störungen und Unterbrechungen bei der Arbeit, ständige Aufmerksamkeit und Konzentration, geringe Handlungsspielräume, Termin- und Leistungsdruck und die Anforderung an die Ergebnisgenauigkeit.[132] Betrachtet man die Häufigkeit der psychischen Anforderungen, differenziert in Mitarbeiter und Führungskräfte (s. Anhang 11), so wird deutlich, dass Beschäftigte mit Mitarbeiterverantwortung in fast allen Bereichen einen höheren Wert aufweisen und diesen Belastungen somit vermehrt ausgesetzt sind, bzw. diese verstärkt wahrnehmen.

Untersuchungen zu den Arbeitsbedingungen von Führungskräften zeigen aber auch, dass Führungspositionen ein breites Spektrum an Ressourcen bieten, wie bspw. höhere Tätigkeitsspielräume, Autonomie, Selbstbestimmtheit und abwechslungsreiche Arbeitsinhalte. Die Vielzahl von Führungskräften verfügt zudem über leistungsförderliche Ressourcen. So hat ein Großteil von ihnen eine ausgeprägte und generalisierte Kompetenzerwartung, sieht schwierige Aufgaben als Herausforderungen und zeigt eine hohe Zielbildung. Es sind demzufolge auch viele Führungskräfte willens, und aufgrund der ihnen zur Verfügung stehenden Ressourcen auch in der Lage, hohe Anforderungen zu bewältigen. Diese Ressourcen können jedoch auch den Druck auf die Führungskraft erhöhen, da sich ihre Neigung verstärkt sich noch mehr

---

[129] Vgl. INQA (2008), S. 16 f.
[130] Vgl. Kissel/Hubert-Metz (2013), S. 45.
[131] Vgl. Wieland/Scherrer (2007), S. 45.
[132] Vgl. Orthmann/Gunkel/Otte (2011), S. 138, Nennung der Faktoren jeweils über 20 Prozent in einer Fragebogenuntersuchung, n=268 Führungskräfte.

zu verausgaben.[133] Dieses Bild zeigt sich auch in der Praxis. Trotz größerer Handlungsspielräume gehen die Anforderungen offenbar vielfach mit Beeinträchtigungen einher. Es zeigt sich, dass insbesondere häufiger starker Termin- und Leistungsdruck mit einer erhöhten Anzahl von Gesundheitsbeschwerden zusammenhängt. In Kombination mit anderen Anforderungen verstärkt sich diese Wirkung sogar (s. Anhang 12).

5.2 Heutige Anforderungen an Führungskräfte

Um den zuvor beschriebenen Herausforderungen des Führungsalltags gerecht zu werden, müssen Führungskräfte im Gegensatz zu ihren Mitarbeitern über ein differenziertes Repertoire an Kompetenzen verfügen. Das Thema *Gesunde Führung* erfordert neben Fachkompetenz vor allem Sozialkompetenz. Lange Zeit galt Fachkompetenz als entscheidendes Kriterium einer Führungskraft, doch heute stehen vor allem soziale und methodische Kompetenzen im Fokus. Der Vorgesetzte muss nicht zwingend ein Spezialist in dem Bereich sein, in dem sein Team agiert, sondern sein Team als solches richtig führen können. Dazu braucht er nicht notwendigerweise Detailwissen in allen Fachfragen, sondern u.a. Kommunikationsfähigkeit, emotionale Intelligenz, Konfliktmanagementfähigkeiten, Ambiguitätstoleranz sowie die Fähigkeit zur Selbststeuerung und -strukturierung.[134]

5.2.1 Kommunikationsfähigkeit

Die Anforderung *Kommunikationsfähigkeit* mag zunächst trivial erscheinen, doch in Anbetracht von hochkomplexen Arbeitsabläufen und Organisationformen im Unternehmen sind Missverständnisse häufig die Regel. Ein guter Informationsfluss über geplante Veränderungen, Entscheidungen und Vorgänge ermöglicht es dem Mitarbeiter, Entscheidungen nachzuvollziehen und seine Beteiligung zu gewinnen. So können auch Sparpläne und Veränderungsprozesse von den Mitarbeitern begleitet werden, wenn ihnen verdeutlicht wird, dass diese langfristig positive Auswirkungen auf ihre Tätigkeit haben.[135] Das Sender-Empfänger-Modell spielt innerhalb der Kommunikation eine tragende Rolle. Denn oft entsteht beim Empfänger einer Bot-

---

[133] Vgl. Stilijanow/ Bock (2013), S. 154, 158.
[134] Vgl. Sprenger (2012), S. 49 ff.
[135] Vgl. Riechert (2011), S. 102.

schaft, bspw. dem Mitarbeiter, ein völlig anderes Verständnis als vom Sender, bspw. der Führungskraft, beabsichtigt. Dabei gilt, dass Menschen nicht nicht kommunizieren können. Auch wer nicht mit seinen Mitarbeitern spricht, teilt ihnen etwas mit.[136] Ein weiterer wesentlicher Aspekt ist die Kultur. Insbesondere in größeren Unternehmen herrscht eine kulturelle Diversität. Sei es die Zusammenstellung eines internationalen Teams oder bereits das Vorhandensein verschiedener Subkulturen in der eigenen Abteilung. Dies betrifft zum einen die Sprache und zum anderen die Kultur. Wenn sich der Sender, wie z.B. die Führungskraft nicht über kulturelle Verschiedenheiten bewusst ist und diese bei der Formulierung seiner Botschaft mit einbezieht, können Missverständnisse auftreten. Und daraus resultieren negative Folgen für das Unternehmen.[137] Vor dem Hintergrund der kulturellen Vielfalt bedarf es einer effizienten Kommunikation durch transparente Entscheidungen und die vollständige Weitergabe von Informationen ohne Einbehaltung von wesentlichen Details. Kommunikation auf gleicher Augenhöhe ohne das Hierarchiegefälle zwischen Vorgesetzten und Mitarbeiter spürbar zu machen, schafft eine angenehme Gesprächsatmosphäre für beide Seiten. Es kann ein Betriebsklima gestaltet werden, in dem Arbeit Freude bereitet.[138]

5.2.2 Emotionale Intelligenz

Dass lediglich akademische Fähigkeiten der Schlüssel zum beruflichen Erfolg sind, entkräftet der Terminus der *Emotionalen Intelligenz*, der in den 1990er Jahren vom US-amerikanischen Journalisten Daniel Goleman popularisiert wurde. Darunter versteht man, die eigenen Gefühle bzw. emotionalen Zustände und die seines Gegenübers richtig einschätzen und beeinflussen zu können. Folgende Fähigkeiten können unterschieden werden:[139]

Persönliche Kompetenzen
- Selbstmanagement, d.h. die eigenen Gefühle und Handlungen kontrollieren
- Selbstwahrnehmung, d.h. die eigenen Gefühle wahrnehmen und verstehen

---

[136] Vgl. Watzlawick/Beavin/Jackson (2007), S. 53.
[137] Vgl. Sprenger (2012), S. 52 ff.
[138] Vgl. Kloimüller (2013), S. 13.
[139] Vgl. Goleman/Boyatzis/McKee (2002), S. 59 ff.

Soziale Kompetenz

- Soziales Bewusstsein, d.h. die Gefühle anderer wahrnehmen und verstehen

- Beziehungsmanagement, d.h. zwischenmenschliche Beziehungen verstehen und beeinflussen.

Im Zusammenspiel dieser Faktoren sieht Goleman die Voraussetzung beruflichen Erfolgs. „Die effektivsten Führungskräfte gleichen sich .. in einem entscheidenden Punkt: Sie verfügen alle über ein hohes Maß an emotionaler Intelligenz."[140] Ohne emotionale Intelligenz würden selbst Menschen mit einem sehr hohen Intelligenzquotienten scheitern. Ob die Zusammenarbeit im Team, zwischen Menschen unterschiedlichen Geschlechts, Sprache und Kultur gelingt, hängt von der Ausprägung der emotionalen Intelligenz ab, von der ein Mindestmaß in der Zusammenarbeit mit Menschen unabdingbar ist.[141]

5.2.3 Konfliktmanagement

In Arbeitssituationen, in denen Menschen mit unterschiedlichen Ansichten und Meinungen sowie unterschiedlicher kultureller Herkunft aufeinandertreffen, lässt sich das Entstehen von Konflikten nicht gänzlich vermeiden. Sie sind täglicher Bestandteil des Führungsalltags. Trotz negativer Assoziationen mit dem Begriff Konflikt, als etwas, das unbedingt vermieden werden muss, sollte es nicht das Ziel von Führung sein, Konflikte zu unterdrücken, sondern eine entsprechende Lösung für entstandene Konflikte zu finden.[142] Dafür ist ein professionelles Konfliktmanagement erforderlich. Denn je nach der Art der Lösungsfindung können Konflikte auch durchaus positive Auswirkungen haben. Im Berufsalltag entstehen Konflikte bspw. wenn Ressourcen knapp sind und Mitarbeiter um deren Verteilung ringen, wenn gegenläufige Ansichten, Werte und Ziele existieren oder Machtgerangel entstehen. Konflikte, deren Lösungsfindung sich lange hinzieht, rauben den Mitarbeitern enorme Energie und schränken ihre Leistungsfähigkeit ein. Im Konfliktlösungsprozess ist es Aufgabe der Führungskraft, Zuständigkeiten festzulegen, klare Regelungen zu schaffen, transparente Informationen zu gewähren, gemeinsam mit den Mitarbeitern Lösungsstrategien zu erarbeiten, die Zusammenarbeit zu fördern und in diesem Zusammenhang

---

[140] Goleman (1999), S. 1.

[141] Vgl. Sprenger (2012), S. 54 f.

[142] Vgl. Herbig (2011), S. 78.

auf Beziehungs- und nicht ausschließlich Sachebene zu agieren.[143] Das bedeutet jedoch nicht, dass jede Führungskraft Konflikte selbst lösen muss, sondern sie muss erkennen, welchen Anteil sie an der Entstehung des Konfliktes trägt, wo ihre persönlichen Grenzen liegen und wann sie gegebenenfalls einen neutralen Vermittler, wie z.B. einen Mitarbeiter der Personalabteilung, hinzuziehen sollte.[144]

5.2.4 Fähigkeit zur Selbststeuerung und -strukturierung

Moderne Informationstechnologie trägt zunehmend dazu bei, dass sich der Handlungsspielraum innerhalb der Tätigkeit einer Führungskraft erweitert. Ultraleichte und leistungsstarke PC's, Tablets, Smartphones und eine beinahe flächendeckende Versorgung mit WLan ermöglichen eine ständige Erreichbarkeit und Zugriff auf E-Mails und Arbeitsunterlagen. Somit wird im wörtlichen Sinne die Bezeichnung Arbeitsplatz zunehmend aufgehoben, da insbesondere Führungskräfte nicht mehr an bestimmte Räumlichkeiten im Unternehmen gebunden sind, um ihre Arbeit zu verrichten. Gleitzeit und Arbeitszeitkonten ermöglichen weiterhin eine steigende Flexibilisierung innerhalb der Arbeit. Für Arbeitnehmer und Arbeitgeber ergeben sich daraus eine Reihe von Vorteilen, es birgt jedoch gleichzeitig hohe Risiken. Die Grenze zwischen Arbeit und Freizeit verschwindet zunehmend. Letztendlich erfordert dies die *Fähigkeit zur Selbststeuerung und -strukturierung* der Führungskräfte, die diese in ihrer Vorbildfunktion den Mitarbeitern vorleben und ihre Arbeitsweise entsprechend an sie weitergeben können. Sich deutlich von der Arbeit abgrenzen zu können, Pausen zum Erholen zu nutzen und nicht ständig erreichbar zu sein und unter Druck zu stehen, ist der erste Schritt, sich selbst vor psychischen Belastungen zu schützen.[145]

5.2.5 Ambiguitätstoleranz

Mit dem Kohärenzgefühl zur Bewältigung der alltäglichen Arbeitssituation ist die *Ambiguitätstoleranz* eng verbunden, die auch als Zweideutigkeit und Doppelsinn deklariert wird. Dies ist die Fähigkeit, Widersprüchlichkeiten zu erkennen und zu akzeptieren sowie situativ zu entscheiden und zu handeln. In widersprüchlichen

---

[143] Vgl. Riechert (2011), S. 104.
[144] Vgl. Herbig (2011), S. 106.
[145] Vgl. Sprenger (2012), S. 58 f.

Situationen Entscheidungen zu treffen ist besonders schwierig, da nicht klar ist, welche Entscheidung die richtige sein wird. Das Dilemma innerhalb der Führung liegt darin, eine Balance bei Widersprüchen und Unsicherheiten zu finden und den unterschiedlichen Ansprüchen gerecht zu werden (s. Anhang 13). Deshalb ist die Ambiguitätstoleranz als weitere Anforderung für heutige Führungskräfte unerlässlich, da sie zur Identitätsbildung beiträgt und es so ermöglicht auf Menschen und Situationen adäquat eingehen und reagieren zu können und dabei das Kohärenzgefühl zu bewahren.[146]

All diese Soft Skills sind Anforderungen an Menschen, die Führungsfunktionen innehaben. Doch wie passen diese Anforderungen an die Führungskraft letztlich mit dem Wunsch nach gesunder Führung zusammen? Wie bereits erläutert, ist Zeit ist für Führungskräfte eine sehr knappe Ressource. Aber es benötigt Zeit um einen gesunden Führungsstil, geprägt von Feedback, individueller Weiterentwicklung der Mitarbeiter, Übertragung von Verantwortung und Handlungsspielräumen sowie Gestaltung einer Vertrauenskultur, in die Praxis umzusetzen. Es verlangt der Führungskraft neue Kenntnisse und Fähigkeiten ab, die sie vorher evtl. nicht in einer solchen Ausprägung angewendet hat und erst noch erlernen muss. Auch hierbei wird Zeit benötigt. Demnach ist es nachvollziehbar, dass die Integration einer gesunden Führungskultur im Unternehmen nicht immer offen angenommen, sondern auch als weitere Belastung der Führungskräfte angesehen wird.[147]

5.3 Führung der eigenen Person

Führung bedeutet nicht nur die Führung der eigenen Mitarbeiter, sondern auch notwendigerweise die Führung der eigenen Person. Das erfolgreiche Management der eigenen Person ist somit eine unverzichtbare Voraussetzung für die Ausübung von Führungstätigkeiten,[148] „denn nur wer sich selbst gut führen kann, wird auch andere selbstbewusst führen"[149].

---

[146] Vgl. Sprenger (2012), S. 57 f.; vgl. Linde/Leyde (2010), S. 46 f.; vgl. Schmidhuber (2011), S. 114.
[147] Vgl. Stilijanow/Bock (2013), S. 158.
[148] Vgl. Linneweh/Hofmann (2009), S. 72.
[149] Linneweh/Hofmann (2009), S. 72.

Persönlichkeitsmanagement bedeutet in diesem Zusammenhang,

> „nicht mehr, aber auch nicht weniger als das selbstbestimmte Ausüben von Leitungsfunktionen in Bezug auf die eigene Person und das eigene Lebensumfeld mit der Zielsetzung, die eigene Persönlichkeit zu stärken und von unnötigen Fremdbestimmtheiten frei zu halten und eine tragfähige Balance zwischen Beruf und Privatleben zu finden."[150]

Daraus ergibt sich, die eigene Karriere und die Bereiche des privaten Lebens, wie Familie und Freizeit in einem Gleichgewicht zu halten, so dass man den Herausforderungen von beruflichen Erfordernissen und privaten Interessen ausgeglichen gegenübertreten kann. Dabei gilt, sich den eigenen Schwächen und Stärken bewusst zu sein sowie Ressourcen und Gefährdungspotenziale zu kennen und selbstbestimmt zu entscheiden. Erfolgreiches Selbstmanagement im Arbeitsleben hilft zur Vermeidung psychischer Beanspruchungen, da die Führungskraft selbstbestimmt mit ihrer Arbeit umgeht und sich nicht im umgekehrten Sinn von ihr beherrschen lässt. Denn diese Gefahr besteht häufiger in Führungskreisen, als bei Mitarbeitern ohne Führungsfunktion. Insbesondere ein höherer Handlungsspielraum der Vorgesetzten und die weitgehend selbstständige Aufgabenbewältigung, die sich sehr häufig nur noch an Zielvereinbarungen ausrichtet, birgt die Gefahr, sich mit Arbeit zu übernehmen.

Die Selbstführung bedingt zunächst die realistische Wahrnehmung der eigenen Person und die Analyse von Schwächen und Stärken, an denen man bereit ist, kontinuierlich zu arbeiten. Ebenso wichtig ist die Definition des Ziels, dass man in Zukunft erreichen will, d.h. sich bspw. bewusst zu werden, wie sich die eigene Karriere in den nächsten Jahren entwickeln soll. Außerdem muss die Führungskraft die Fähigkeit besitzen, die eigenen Gefühle, körperliche Befindlichkeiten, zwischenmenschliche Beziehungen sowie zeitliche und finanzielle Faktoren kontrollieren zu können.[151] Um Selbstmanagement in der Praxis erfolgreich realisieren zu können, sind die folgenden Schritte zu empfehlen:[152]

---

[150] Linneweh/Hofmann (2009), S. 72.
[151] Vgl. Walter (2005), S. 269.
[152] Vgl. Walter (2005), S. 269 f.; vgl. Linneweh/Hofmann (2009), S. 75 ff.

1. die Standortbestimmung,
2. die Formulierung eines realistischen Zielkatalogs,
3. die Entwicklung von Strategien zu Erreichung der persönlichen Zielsetzung,
4. die Realisierung der geplanten Veränderungen,
5. die erneute Standortbestimmung bzw. die Kontrolle.

Zur Förderung von Gelassenheit und Ausgeglichenheit, bedarf es Selbstreflexion, Kritikfähigkeit, Selbstachtung und -akzeptanz, Disziplin und einer starken Persönlichkeit. Ist die Bereitschaft zur Veränderung der eigenen Lebenssituation gegeben, ist es hilfreich diese Veränderungen mittels kompetenter Hilfe von außen zu realisieren.

5.4 Gesundheit der Führungskräfte

In Folge der Globalisierung haben sich unter ständigen Zeit-, Kosten- und Qualitätsdruck Organisations- und Arbeitsformen herausgebildet, die negative Auswirkungen auf die physische und psychische Gesundheit nehmen können. Insbesondere Führungskräfte, die beruflichen Erfolg und Karriere anstreben verlangt es unter diesen Bedingungen einen Lebensstil, der langfristig die persönlichen Kraftreserven angreift.[153] Es wird davon ausgegangen, dass vor allem bei Mitarbeitern mit Führungsverantwortung das Engagement und somit die Bereitschaft hoch ist, über die vertraglich festgelegte Arbeitszeit hinaus, soweit eine solche überhaupt noch geregelt ist, zu arbeiten. Eine Wochenarbeitszeit im Normalbereich von 35 bis unter 41 Stunden wird dabei häufiger von Frauen, als von Männern geleistet. Besonders lange Arbeitszeiten von 50 Stunden und mehr werden in Führungsfunktionen bei Männern verzeichnet. 2010 lag der Anteil der Männer mit einer Wochenarbeitszeit von über 60 Stunden bei 14 Prozent.[154] Für Freizeit bleibt nur wenig Zeit.

Spricht man von der Auswirkung gesunder Führung auf die Mitarbeiter ist im ersten Schritt an der Führungskraft selbst anzusetzen. Denn diese sind, genau wie ihnen untergeordnete Mitarbeiter, selbst Zielgruppe betrieblicher Gesundheitsförderung im Unternehmen. Wie sollten Sie sonst ihre Mitarbeiter gesund führen, wenn ihnen selbst das Bewusstsein fehlt, was sie für ihre eigene Gesundheit Gutes tun können? Betrachtet man den Krankenstand der Führungskräfte ist überraschender Weise von

---

[153] Vgl. Linneweh/Hofmann (2009), S. 71.
[154] Vgl. Holst/Busch/Kröger (2012), S. 31 ff.

einem vergleichsweise guten Gesundheitszustand auszugehen, da die Fehlzeiten eher gering ausfallen. Aus vorherigen Betrachtungen ist jedoch erkennbar, dass Fehlzeitenanalysen allein nicht ausreichen. Ein umfassendes Gesundheitsbild ist nur mit zusätzlicher Betrachtung des Faktors Präsentismus möglich. Insbesondere auf Ebene der Führungskräfte scheint das Phänomen weit verbreitet zu sein, da sie vermehrt trotz Krankheit oder nach nur kurzer Erholung immer noch erkrankt zur Arbeit erscheinen. Daraus entsteht ein Kreislauf, in dem Führungskräfte sich nie vollständig erholen und anfälliger für Folgeerkrankungen und psychischen Befindensbeeinträchtigungen werden.[155] Deshalb ist das wichtigste Werkzeug der Führungskraft sie selbst, d.h. ihre eigenen geistigen und körperlichen Ressourcen. Diese sind nicht unerschöpflich und müssen kontinuierlich gestärkt werden.[156]

5.5 Vorbildwirkung mit Hilfe gesunder Selbstführung

In der Praxis wird folgender Übertragungseffekt vermutet:

> „Führungskräfte, die sich nicht hinreichend um die eigene Gesundheit kümmern, tun dies wahrscheinlich auch nicht in angemessener Weise bei ihren Mitarbeitern. Umgekehrt sollte ein bewusster Umgang der Führungskraft mit der eigenen Gesundheit auch einen gesundheitsförderlichen Umgang mit Mitarbeiter fördern."[157]

Wenn Vorgesetzte sich mit ihrem eigenen Stresserleben, Belastungen und Ressourcen nicht bewusst auseinandersetzen, können sie diese Aspekte auch bei ihren eigenen Mitarbeitern kaum angemessen erkennen und fördern.[158] So wird eine Führungskraft, die Äußerungen über Stress als Schwäche einstuft, Stress bei ihren Mitarbeitern nicht angemessen mit Hilfe von gesundheitsförderlicher Führung vermeiden.

Ausgehend von den Annahmen der gesundheitspsychologischen Forschung sind die folgenden vier Aspekte gesunder Selbstführung relevant:[159]

---

[155] Vgl. Pangert/Schüpbach (2011), S. 72 f.
[156] Vgl. Linneweh/Hofmann (2009), S. 72.
[157] Franke/Felfe (2011), S. 7.
[158] Vgl. Ducki (2009a), S. 74.
[159] Vgl. Franke/Felfe (2011), S. 5 ff.

- Die Bereitschaft, sich mit der eigenen Gesundheit und gesundheitlichen Risiken auseinanderzusetzen. (*Gesundheitsbezogene Achtsamkeit*)

- Gesundheitsförderliche Verhaltensweisen kennen und umsetzen. (*Gesundheitsbezogene Selbstwirksamkeit*)

- Hoher Stellenwert der Gesundheit im Vergleich zu anderen Werten, damit eine Motivation, sich kritisch mit der eigenen Gesundheit auseinanderzusetzen, entsteht. (*Gesundheitsvalenz*)

- Das *Gesundheitsverhalten*, d.h. eigene Belastungen zu reduzieren, indem die Arbeitsweise optimiert und Ressourcen gefördert werden.

Das Instrument Health-oriented Leadership (HoL) zur Erfassung gesundheitsförderlicher Führung beinhaltet die vier aufgeführten Aspekte auf Selbstführungsebene, mittels derer konkrete Gestaltungsmöglichkeiten für gesundheitsförderliches Führungsverhalten in der Praxis abgeleitet werden können. Durch die Erfassung spezifischer gesundheitsbezogener Einstellungen und Verhaltensweisen der Führungskräfte ermöglicht es die Ableitung für Handlungsempfehlungen im Unternehmen. Die vier Faktoren des HoL-Ansatzes können ihrem Inhalt nach, wie dargestellt, auf die Ebene der Selbstführung der Führungskräfte, aber auch auf die Ebene der Mitarbeiterführung bezogen werden, die innerhalb des Instruments in Zusammenhang gebracht werden (s. Darst. 9).

Inhalt	Selbstführung	Mitarbeiterführung
Gesundheitsbezogene Achtsamkeit	• Eigener Gesundheitszustand und Beanspruchungsgrad • Kennen persönlicher Stresssituationen • Wahrnehmung persönlicher Warnsignale	• Gesundheitszustand und Beanspruchungsgrad der Mitarbeiter • Kennen von Stresssituationen der Mitarbeiter • Wahrnehmung von Warnsignalen bei Mitarbeitern
Gesundheitsbezogene Selbstwirksamkeit	• Wissen, was bei Stress zu tun ist • Wissen, wie Stress vorzubeugen ist	• Mitarbeiter wissen, was bei Stress zu tun ist • Mitarbeiter wissen, wie Stress vorzubeugen ist
Gesundheitsvalenz	• Stellenwert der eigenen Gesundheit • Wichtigkeit gesundheitsförderlicher Arbeitsbedingungen	• Stellenwert der eigenen Gesundheit • Wichtigkeit gesundheitsförderlicher Arbeitsbedingungen der Mitarbeiter
Gesundheitsorientiertes Verhalten	• Eigener Lebensstil • Persönliches Arbeitsverhalten • Engagement in der betrieblichen Gesundheitsförderung • Aktive Gestaltung eigener Arbeitsbedingungen	• Lebensstil der Mitarbeiter • Arbeitsverhalten der Mitarbeiter • Engagement der Mitarbeiter in der betrieblichen Gesundheitsförderung • Aktive Gestaltung der Arbeitsbedingungen

Darst. 9: Inhalte des Health-oriented Leadership Instruments. Quelle: In Anlehnung an Franke/Vincent/Felfe (2011), S. 383.

Um den Umgang mit sich selbst (Selbstführungsebene) und den Mitarbeitern (Mitarbeiterebene) vergleichen zu können, ist es wichtig, dass Führungskräfte die gesundheitsbezogenen Einstellungen und Verhaltensweisen nicht nur in Bezug auf ihre Mitarbeiter einschätzen, sondern immer auch bezogen auf sich selbst. Das Instrument HoL setzt auf drei Ebenen, 1) der Interaktion und Kommunikation, 2) der Gestaltung gesundheitsförderlicher Arbeitsbedingungen und 3) der Vorbildwirkung im Gesundheitshandeln, an. Es findet eine Unterscheidung zwischen Selbstführung und Mitarbeiterführung statt. Die Selbstführung wird durch die Führungskraft selbst eingeschätzt und bewertet. Die Mitarbeiterführung wird durch die Führungskraft (Selbsteinschätzung) und durch die Mitarbeiter (Fremdeinschätzung) bewertet (s. Anhang 14).[160]

Der angenommene Übertragungseffekt des vorgelebten Gesundheitsverhaltens der Führungskraft auf die Mitarbeiter konnte bei empirischen Untersuchungen mit Mitarbeitern und Führungskräften deutlich belegt werden. Demnach zeigt sich, dass Führungskräfte, die mit ihrer eigenen Gesundheit bewusst umgehen, auch aufmerksamer auf die Gesundheit ihrer Mitarbeiter achten und dementsprechend auch Maßnahmen ergreifen, um die Gesundheit zu erhalten und gesundheitsförderliches Verhalten zu begünstigen. In der genauen Betrachtung macht sich innerhalb der empirischen Erprobung bei jeder zweiten Führungskraft, die selbst achtsam gegenüber Risiken und Überlastung ihrer eigenen Arbeitssituation ist, bemerkbar, dass sie auch Stressoren, denen ihre Mitarbeiter ausgesetzt sind, wahrnimmt (s. Anhang 15). Demgegenüber achten nur 11 Prozent der Führungskräfte, deren persönliche Achtsamkeit gering ausgeprägt ist, auch auf die Gesundheit ihrer Mitarbeiter. Im tatsächlichen Gesundheitsverhalten ist dieser Zusammenhang auch deutlich nachweisbar. 50 Prozent der Führungskräfte, die ihren Überlastungen und Stressoren bei der Arbeit aktiv entgegenwirken, agieren so auch im Umgang mit ihren Mitarbeitern, wohingegen kein einziger Vorgesetzter gesundheitsorientiertes Handeln bei seinen Mitarbeitern zeigt, wenn er sich selbst nicht um die eigene Gesundheit kümmert. Dies verdeutlicht den Zusammenhang zwischen gesundheitsorientierter Selbst- und Mitarbeiterführung. Vorgesetzte, die Selbstachtsamkeit zeigen, führen auch ihre Mitarbeiter gesundheitsförderlich.[161]

---

[160] Vgl. Franke/Felfe (2011), S. 7.
[161] Vgl. Franke/Felfe (2011), S. 9.

Die Befragung der Mitarbeiter hinsichtlich der Vorbildwirkung ihrer Vorgesetzten liefert ein ähnliches zu erwartendes Bild. Die gesundheitsbezogene Vorbildwirkung ihrer Vorgesetzten wird von Mitarbeitern höher eingeschätzt, wenn sie wahrnehmen, dass die Führungskraft um die Gesundheit der Mitarbeiter besorgt ist, sie achtsam mit ihnen umgeht und sie gegenüber ihren Mitarbeitern gesundheitsförderliches Handeln zeigt. Positiv ist, dass sich diese Vorbildwirkung auf die Gesundheit der Mitarbeiter auswirkt.[162] Erklären könnte sich diese Auswirkung dadurch, dass sich Mitarbeiter an den Verhaltensweisen ihrer Führungskräfte orientieren und diese teilweise übernehmen, um die an sie gestellten Anforderungen bewältigen zu können. Deshalb übernehmen sie auch gesundheitsförderliche Verhaltensweisen ihrer Führungskraft.[163] Dagegen berichten Mitarbeiter, die ihren Vorgesetzten nicht als Vorbild wahrnehmen, vier Monate nach den ersten Befragungen über eine fast vierfach erhöhte Irritation[164] und mehr als doppelt so viele psychosomatische Beschwerden.[165] Somit bestätigen sich der eingangs geschilderte Übertragungseffekt und die hohe Bedeutung gesunder Selbstführung, die ihre positive Wirkung auch in der Wahrnehmung der Führungskraft als Vorbild widerspiegelt.

---

[162] Vgl. Franke/Felfe. (2011), S. 9.
[163] Vgl. Franke/Felfe (2011), S. 9 f.
[164] „Irritation beschreibt einen Erschöpfungszustand aufgrund andauernder psychischer Beanspruchung am Arbeitsplatz (...)", Franke/Felfe (2011), S. 9.
[165] Vgl. Franke/Felfe (2011), S. 9 f.

6 Gesunde Mitarbeiterführung

6.1 Bedingungsfaktoren gesundheitsförderlicher Führung

Eine Fragebogenstudie mit 120 Führungskräften sollte Aufschluss darüber geben, welche Faktoren es auf Unternehmensseite und Ebene der Führungskraft begünstigen, gesundheitsförderlich zu führen. Grundlage für die Untersuchung bildete die Theorie des geplanten Handelns, die besagt, dass Einstellungen und subjektive Normen Intentionen beeinflussen. Intentionen werden dabei als „vollständiger Mediator der Einflüsse von Einstellungen und subjektiven Normen auf das Verhalten"[166] definiert. Je höher die Intention ausfällt, desto größer ist demnach die Wahrscheinlichkeit, dass ein bestimmtes Verhalten gezeigt wird.[167] Die Ergebnisse der Studie zeigen, dass die fünf nachfolgend aufgeführten Bedingungsfaktoren in Zusammenhang mit der Absicht stehen, gesundheitsförderlich zu führen (s. Darst. 10).

Darst. 10: Bedingungsfaktoren gesundheitsförderlichen Führens. Quelle: Eigene Darstellung in Anlehnung an Wilde et al. (2009), S. 78

Insbesondere die persönliche Einstellung, persönliche Kompetenzen und die wahrgenommenen Einflüsse auf die Mitarbeitergesundheit sind in starkem Zusammenhang mit dieser Intention. Hierbei zeigt sich, dass v.a. personenbezogene Faktoren die Absicht zur gesunden Führung bei den Führungskräften beeinflussen. Die Kultur gesundheitsförderlichen Führens sowie die betrieblichen Möglichkeiten, sind dem organisationalen Kontext zuzuordnen, der letztlich die Umsetzung gesundheitsorientierter Führung begünstigt. Führungskräfte, die entsprechende betriebliche Gegebenheiten und notwendige Voraussetzungen für gesunde Führung vorfinden, zeigen ein höheres Engagement bei der Realisierung. Zusammenfassend zeigt sich, dass

---

[166] Wilde et al. (2009), S. 77.
[167] Vgl. Wide et al. (2009), S. 77.

61

sowohl an organisationalen und personellen Faktoren angesetzt werden muss, um gesunde Führung im Unternehmen zu etablieren und zu fördern.[168]

6.2 Gesundheitsförderliche Verhaltensweisen

Die positiven Effekte bereits existierender Führungsstile auf das Wohlbefinden der Mitarbeiter wurden durch umfangreiche Studien belegt (s. Kapitel 4.1.2). Nachfolgend soll nun betrachtet werden, welche Verhaltensweisen im Speziellen zur Gesundheitsförderung der Mitarbeiter beitragen.

6.2.1 Anerkennung, Lob und Wertschätzung

An erster Stelle zu nennen, sind die Faktoren Anerkennung, Lob und Wertschätzung, die für das Wohlbefinden der Mitarbeiter auf Dauer unabdingbar sind. Lob und Anerkennung können Mitarbeiter als Rückmeldung zu einer erbrachten Leistung erfahren. In diesem Zusammenhang ist ein regelmäßiges Feedback zur Performance des Mitarbeiters notwendig. Wertschätzung hingegen ist die positive Grundhaltung und Akzeptanz gegenüber einer Person, der man mit Respekt und Achtung gegenübertritt.[169] Nach dem Modell beruflicher Gratifikationskrisen von Johann Siegrist erkranken Menschen häufiger, die für ihre Leistung keine entsprechende Gegenleistung erhalten. Zu diesen Gratifikationsfaktoren zählen im Berufsleben neben dem Einkommen sowie Arbeitsplatzsicherheit/Aufstiegsmöglichkeiten ebenfalls die Wertschätzung (s. Anhang 16).[170] Mitarbeiter, die Anerkennung und Wertschätzung erfahren, sind entspannter, leiden nachweislich unter einem niedrigeren Blutdruck und zeigen eine bessere Arbeitsfähigkeit. Dabei werden neben Glückshormonen auch das Leistungshormon Dopamin und Oxytocin, welches das Vertrauen fördert, freigesetzt.[171] Wertschätzung gilt als europaweit stärkster Motivationsmotor der Mitarbeiter für gesundheitsbezogenes Engagement.[172]

---

[168] Vgl. Wilde et al. (2009), S. 83 f.

[169] Vgl. Kloimüller (2013), S. 13.

[170] Vgl. Siegrist (1996), S. 97 ff.

[171] Vgl. Matyssek (2010b), S. 18.

[172] Vgl. Sebald/Enneking (2006), S. 40 f.

6.2.2 Soziale Unterstützung

Ein weiterer Erfolgsfaktor gesunder Führung ist die soziale Unterstützung. Hintergrund dieser Annahme ist, dass Probleme gemeinsam immer besser bewältigt werden können. Mit Hilfe von Kollegen und Vorgesetzten lassen sich schwierige Aufgabenstellungen einfacher lösen. Deshalb ist es entscheidend, dem Mitarbeiter soziale Unterstützung anzubieten. Sie wirkt als Belastungspuffer. Auch wenn Belastungen unverändert bestehen, werden sie in abgeschwächter Form wahrgenommen. Dieses subjektive Empfinden entscheidet letztlich darüber, ob Stress entsteht oder nicht.[173] Besonders effektiv wirkt soziale Unterstützung, die durch den Vorgesetzten hervorgebracht wird.[174] Unter sozialer Unterstützung lassen sich insbesondere die folgenden Verhaltensweisen zusammenfassen:[175]

- materielle Unterstützung
- unterstützende Verhaltensweisen
- emotionale Unterstützung
- Anerkennung und Feedback
- instrumentelle und informationelle Unterstützung
- gemeinsame Aktivitäten,
- Zugehörigkeit zu einem Netzwerk.

Soziale Unterstützung beeinflusst nicht nur die Gesundheit positiv, sondern führt auch zur Stärkung des Selbstwertgefühls. Angstreaktionen können vermindert und Krankheiten reduziert werden. Da Belastungen als weniger bedrohlich wahrgenommen werden, und sich damit besser handhaben lassen, erhöht sich ebenso die Resilienz bei den Mitarbeitern, die soziale Unterstützung erfahren.[176]

6.2.3 Betriebsklima

Welche Atmosphäre bzw. Stimmung im Unternehmen herrscht lässt sich deutlich am Betriebsklima erkennen. Es entscheidet positiv oder negativ über die Leistungsbereitschaft und Motivation der Mitarbeiter. Die sozialen und zwischenmenschlichen Beziehungen, die die Atmosphäre in der Organisation beeinflussen, sind für die

---

[173] Vgl. Matyssek (2010b), S. 69 f.
[174] Vgl. Holz (2006), S. 112.
[175] Vgl. Stadler/Spieß (2002), S. 8.
[176] Vgl. Kloimüller (2013), S. 13.

Mitarbeiter als soziale Wesen in ihrer Arbeitsumgebung von immenser Bedeutung. Manche ziehen ein positives Betriebsklima sogar einer höheren Vergütung vor[177]. Für viele Arbeitnehmer zählt es zu einem der wichtigsten Motivatoren, gern zur Arbeit zu gehen und sich am Arbeitsplatz wohl zu fühlen.[178] Wenn ein schlechtes Klima herrscht, ist das Konfliktpotenzial hoch, es führt wesentlich leichter zu Mobbing von Kollegen und auch auf gesundheitlicher Ebene kommt es verstärkt zu Rückenleiden. Deshalb stellt ein gutes Verhältnis zu Kollegen und Vorgesetzen einen entscheidenden Gesundheitsfaktor dar. Führungsverhalten kann das Betriebsklima positiv oder negativ beeinflussen. Eine schlecht gelaunte Führungskraft wird in den seltensten Fällen gut gelaunte Mitarbeiter haben.[179] Mangelhafte Führungsqualitäten und eine Atmosphäre, die durch Konkurrenz- und Leistungsdruck geprägt ist, beeinträchtigt das Betriebsklima in hohem Maße negativ. Die Auswirkungen können in einer Verschlechterung des seelischen Wohlbefindens der Beschäftigten erkennbar werden. Um das Betriebsklima aktiv zu gestalten ist es Aufgabe der Führungskraft, einen fairen Umgang zwischen Mitarbeitern zu fördern, Wert auf eine offene und klare Kommunikation zu legen und den persönlichen und sozialen Austausch unter ihnen zu unterstützen. Auch ein erfolgreiches Konfliktmanagement (s. Kapitel 5.2.3) trägt zur positiven Entwicklung der sozialen Arbeitsumgebung bei. Durch gemeinsame Aktivitäten kann das Zusammengehörigkeitsgefühl gestärkt und eine Vertrauenskultur geschaffen werden. Erkennbar ist ein gutes Betriebsklima an der Hilfsbereitschaft der Mitarbeiter untereinander, einer hohen Leistungsbereitschaft, einer Atmosphäre, die durch Respekt und Vertrauen geprägt ist, in der die Mitarbeiter gern arbeiten und mit Kollegen kommunizieren sowie Zeit für gemeinsame Aktivitäten aufbringen.[180]

6.2.4 Entscheidungs- und Handlungsspielräume

Das Einräumen von Entscheidungs- und Handlungsspielräumen und die damit einhergehende gesundheitsförderliche Wirkung sind empirisch mehrfach belegt. Als theoretische Grundlage für diesen Zusammenhang dient das *Job-Demand-Control-*

---

[177] Vgl. Feßler/Guldenschuh-Feßler (2013), S. 41.
[178] Vgl. Jung (2011), S. 406 f.
[179] Vgl. Matyssek (2010a), S. 85.
[180] Vgl. Walter (2005), S. 182 f.

Modell des amerikanischen Soziologen Robert A. Karasek (s. Darst. 11).[181] Dieses hebt den Einfluss des Führungsverhaltens auf die Arbeitsbedingungen nochmals hervor. Es besagt, dass eine hohe Ausprägung der Dimension Arbeitsanforderungen (job demands) mit Gesundheitsbeeinträchtigungen einhergeht. Auf der anderen Seite steht die Dimension Tätigkeitsspielraum (control), die wiederum der gesundheitsbeeinträchtigenden Wirkung entgegenwirken kann. Arbeitsbedingte Fehlbeeinträchtigungen (job strain) entstehen somit nicht durch einzelne Aspekte der Arbeit, sondern durch ein Zusammenspiel der Anforderungen, die an den Mitarbeiter gestellt werden und dem Tätigkeitsspielraum der diesem bei der Anforderungsbewältigung zur Verfügung steht. Das Verhältnis dieser beiden Dimensionen entscheidet demnach wesentlich über das Entstehen psychischer Erkrankungen beim Mitarbeiter. Je höher dieser seine Arbeitsanforderungen einschätzt und je weniger Tätigkeitsspielraum ihm zu Verfügung steht, um diese zu bewältigen, desto wahrscheinlicher ist das Auftreten von Stress und psychischer Beanspruchung. Wenn der Tätigkeitsspielraum wiederum hoch ist und die Anforderungen ebenso, wird die Kompetenzentwicklung des Mitarbeiters gefördert.

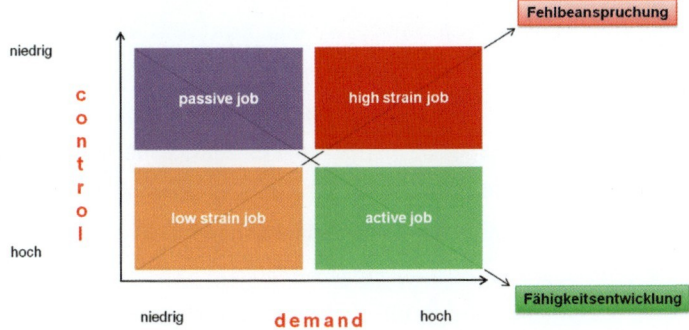

Darst. 11: Job-Demand-Control-Modell. Quelle: Eigene Darstellung in Anlehnung an Karasek (1979), S. 288.

Diese Annahmen werden von der SHAPE Studie, die mit 500 Führungskräften des mittleren und oberen Managements durchgeführt wurde, bestätigt. Männliche und weibliche Führungskräfte mit den meisten Gesundheitsbeschwerden und einer negativen Einschätzung ihrer Gesundheit arbeiteten in den high strain jobs. Ein gegenteiliges Bild konnte bei den Führungskräften der active jobs erfasst werden.

---

[181] Vgl. Schmidt/Wilkens (2009), S. 597.

Diese schätzten ihre eigene Gesundheit am positivsten ein und konnten die wenigsten körperlichen Beschwerden aufweisen, da sie trotz hoher Anforderungen über genug Kontrollmöglichkeiten verfügten.[182] Wird den Mitarbeitern die Möglichkeit genommen, ihre Aufgaben zeitlich selbst einzuteilen, beeinträchtigt dies den Selbstwert negativ. Selbstbestimmung und Selbstbefähigung gelten jedoch als Treiber für Mitarbeitergesundheit.[183] Da die Führungskraft diese Dimensionen aktiv beeinflussen kann, bzw. der Mitarbeiter wahrnimmt, dass sein Vorgesetzter maßgeblichen Einfluss darauf nimmt, kann sie gezielte Maßnahmen ergreifen, um ein ausgeglichenes Verhältnis der Dimensionen zu gewährleisten.

6.2.5 Sinnhaftigkeit

Dass die Führungskräfte ihren Mitarbeitern die Sinnhaftigkeit ihrer Arbeit und Orientierung vermitteln sollten, lässt sich mit dem Kohärenzgefühl begründen (s. Kapitel 2.1.1). Dementsprechend sollten Arbeitsabläufe und -aufgaben verständlich kommuniziert und in einem größeren Sinnzusammenhang dargestellt werden. Durch das Gefühl der Verstehbarkeit, das Erkennen der Sinnhaftigkeit und die Überzeugung, die Situation bzw. Aufgabe handhaben zu können, werden negative Belastungsfaktoren nicht schädigend wahrgenommen und Stresszustände vermieden. Damit wird indirekt ein positiver Einfluss auf das Gesundheitsempfinden der Mitarbeiter ausgeübt. Mitarbeiter können sich in der Organisation nicht als Einzelpersonen verstehen, die losgelöst von den Unternehmenszielen existieren. Nur eingebettet in den Unternehmenskontext wird dem Mitarbeiter der Sinnzusammenhang seiner Arbeit bewusst. Erst dann ist sein tägliches Agieren im Unternehmen logisch und widerspruchsfrei. In diesem Zusammenhang spielt die Vision des Unternehmens eine tragende Rolle. Wird die Vision nicht nur zur Marketingzwecken genutzt sondern aktiv kommuniziert und intern gelebt, identifizieren sich die Mitarbeiter langfristig mit dem Unternehmen. Sie bildet die Basis für kurz-, mittel- und langfristigen Ziele, die die Mitarbeiter leiten.[184] Gleichzeitig bildet die Vision den Rahmen des Handelns der Mitarbeiter im Unternehmen, schafft Orientierung und begründet den Sinn der Arbeit. Die Identifikation mit dem Unternehmen und somit mit der Arbeit ist eine unverzichtbare Grundlage für ein gesundes Arbeitsumfeld.

---

[182] Vgl. Kromm/Frank/Gadinger (2009), S. 42 f.
[183] Vgl. Feßler/Guldenschuh-Feßler (2013), S. 23.
[184] Vgl. Feßler/Guldenschuh-Feßler (2013), S. 14 f.

Neben den hier exemplarisch hervorgehobenen Verhaltensweisen, denen im Rahmen gesunder Führung besondere Bedeutung zukommt und diese in hohem Maße begünstigt, sind die unter Punkt 5.2 dargelegten Anforderungen an Führungskräfte ebenfalls unabdingbar, um den Erfolg dieses Führungshandelns zu sichern.

6.3 Gesundheitsspezifische Führungsansätze

Wissenschaftlich etablierte Führungskonzepte wurden mehrfach im Rahmen von Forschungsprojekten mit ihrer Wirkung auf das Wohlbefinden von Beschäftigten untersucht. Das Konzept der transformationalen Führung geriet dabei verstärkt in den Fokus, da mehrfach ein positiver Zusammenhang mit dem Gesundheitsverhalten der Mitarbeiter nachgewiesen werden konnte.[185] Es wird jedoch kritisiert, dass sich aus den Untersuchungen schwer ableiten lässt, was genau gesunde Führung ist und welche genauen Handlungsempfehlungen für Führungskräfte und Maßnahmen sich daraus ergeben. Die Führungstheorien seien nicht spezifisch genug und in der Praxis kaum umsetzbar.[186] Gregersen et al. schlussfolgern in ihrer Überblicksarbeit zum Stand der Forschung ebenfalls: „Die Frage, in welcher Weise das Führungsverhalten auf die Gesundheit Einfluss nimmt, konnte .. noch nicht befriedigend geklärt werden."[187] Im Folgenden werden aus diesem Grund erste Führungsansätze vorgestellt, die eigens aus dem Zusammenhang zwischen Führung und Gesundheit heraus entwickelt wurden.

6.3.1 Das Vier-Ebenen-Modell der Führung

Stadler und Spieß haben im Jahr 2007 das Vier-Ebenen-Modell für gesundheitsförderliches Führen vorgestellt. Es liefert detaillierte Ansatzpunkte dafür, auf welchen Ebenen der Führungskraft mit welchen Maßnahmen gesunde Führung gelingen kann (s. Darst. 12).

---

[185] Vgl. Gregersen et al. (2011), S. 3.
[186] Vgl. Brücker (2009), S. 43 f.
[187] Gregersen et al. (2010), S. 3.

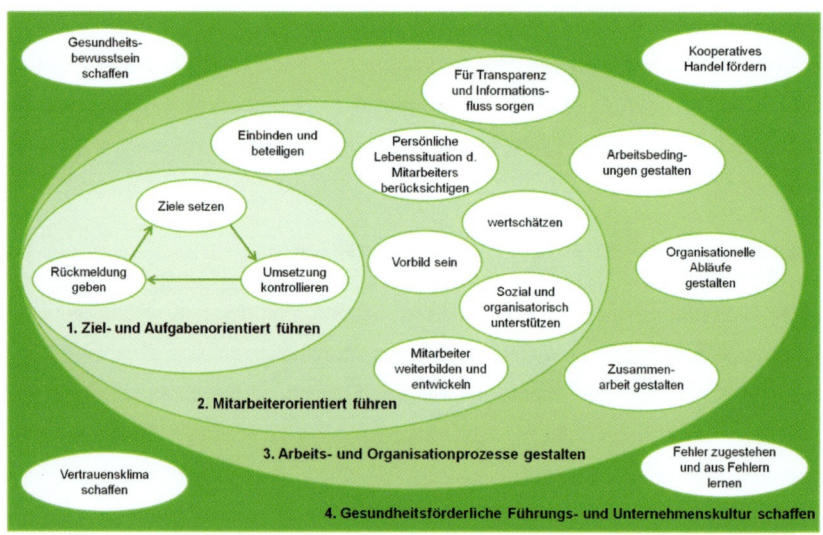

Darst. 12: Vier-Ebenen-Modell gesundheitsförderlichen Führens. Quelle: In Anlehnung an Spieß/Stadler (2007), S. 258.

Im Zentrum steht zunächst die klassische Aufgabe von Führungskräften, die *ziel- und aufgabenorientierte Führung*, die den Kern des Konzeptes bildet. Mit Hilfe eines kommunikativen Rückkoppelungsprozess, in dem gemeinsam mit dem Beschäftigten Ziele vereinbart, Rollen eindeutig festgelegt und die Zielerreichung kontrolliert wird, trägt die kontinuierliche Rückmeldung des Vorgesetzten an den Mitarbeiter zur Optimierung der Ergebnisse bei.[188] Auf zweiter Ebene findet man die *mitarbeiterorientierte Führung* vor. Sie setzt eine hohe Sozialkompetenz bei den Führungskräften voraus, da sie auf dieser Ebene wertschätzend sowie als Vorbild agieren und den Mitarbeiter in den Mittelpunkt ihres Handelns stellen. Sie binden diesen aktiv ein, beteiligen und ermutigen ihn, bieten soziale und organisatorische Unterstützung, indem sie auch die persönliche Lebenssituation des Mitarbeiters einbeziehen und sie entwickeln ihn entsprechend seiner Potenziale weiter. Die Beteiligung der Mitarbeiter ermöglicht eine hohe Akzeptanz, da sie selbst Einfluss auf die Gestaltung ihres Arbeitsumfeldes nehmen können. Indem Wertschätzung entgegengebracht, der Sinn der Arbeit erkannt und durch Anreizsysteme motiviert wird, lässt sich der Mitarbeiter einfacher aktivieren und einbinden. Die Führungskraft agiert auf dieser Ebene als

---

[188] Vgl. Stadler/Spieß (2007), S. 259.

68

Vorbild und bietet die notwendige soziale Unterstützung.[189] Die dritte Ebene beinhaltet die *Gestaltung von Arbeits- und Organisationsprozessen.* Wichtig hierbei ist das Schaffen von Transparenz, zur Förderung eines Vertrauensklimas im Unternehmen, die Gestaltung von humanen Arbeitsbedingungen hinsichtlich Ergonomie und einer positiven Zusammenarbeit im Team. Das *Schaffen einer gesundheitsförderlichen Führungs- und Unternehmenskultur* bildet die vierte Ebene des Modells. Hierdurch soll es zu einer Verständlichkeit werden, dass alle Mitarbeiter des Unternehmens, die Führungskräfte inbegriffen, gesundheitsbewusst leben und arbeiten. Die Wirksamkeit der vorangestellten Maßnahmen kann auf dieser Ebene durch das Entstehen eines Vertrauensklimas nachhaltig beeinflusst werden, in dem auch Fehler zugegeben werden können und kooperatives Handeln und das Gesundheitsbewusstsein der Mitarbeiter gefördert wird.[190]

Auf die Ebenen eins und zwei haben Führungskräfte einen unmittelbaren Zugang. Insbesondere die erste Ebene muss zwingend als Orientierung dienen. Ebene drei und vier können von einzelnen Führungskräften nur in eingeschränktem Maße gestaltet werden. Hierbei haben vor allem die Führungskräfte auf den unteren Hierarchieebenen lediglich einen Einfluss innerhalb ihres persönlichen Handlungsspielraums und prägen nur in ihrer Gesamtheit mit anderen Führungskräften die Führungskultur.[191] Das Vier-Ebenen-Modell der Führung gibt Hinweise, auf die wichtigsten Ansatzpunkte und Maßnahmen von gesundheitsgerechter Führung in der Praxis (s. Anhang 17) und nimmt dabei Bezug auf die besondere Rolle der Unternehmens- und Führungskultur.

6.3.2 Gesundheits- und Entwicklungsförderliche Führung

Laut empirischen Untersuchungsergebnissen kann der Vorgesetzte über die Gestaltung der Arbeitsorganisation und -aufgaben positiven und auch negativen Einfluss auf das Gesundheitsverhalten seiner Mitarbeiter nehmen.[192] Dabei bestimmt die Führungskraft über Anforderungen, Ressourcen und Belastungen der Mitarbeiter. Anforderungen sind wesentlich für die Möglichkeit der Entwicklung des Mitarbeiters während seiner Arbeitstätigkeit. Belastungen wirken stressfördernd, reduzieren die

---

[189] Vgl. Stadler/Spieß (2007), S. 259 f.
[190] Vgl. Stadler/Spieß (2007), S. 261 f.
[191] Vgl. Blessin/Wick (2014), S. 336.
[192] Vgl. Wieland/Winizuk/Hammes (2009), S. 285.

Handlungsfähigkeiten der Beschäftigten und schränken sie in ihrer Kompetenzentwicklung ein. Ressourcen bestimmen wiederum darüber, inwieweit die gestellten Anforderungen und einwirkenden Belastungen bewältigt werden können. Bei der Verteilung der Aufgaben kann zum einen berücksichtigt werden, ob die jeweiligen Anforderungen den Mitarbeiter überlasten oder sogar unterfordern und zum anderen ob die Aufgabe als Möglichkeit dient, die Kompetenzen des Mitarbeiters weiterzuentwickeln. Zur Verfügung gestellte Ressourcen helfen ihm dabei, den gestellten Anforderungen gerecht zu werden, in dem sie ausreichend zur Verfügung gestellt werden, wie bspw. Handlungsspielraum, Beteiligungsmöglichkeiten und Rollenklarheit. Oder aber sie hindern ihn an der Aufgabenbewältigung, wenn sie nur in unzureichendem Maß vorhanden sind. Potenzielle Belastungen sind durch die Führungskraft frühzeitig zu erkennen.[193]

Am Arbeitsbereich Arbeits- und Organisationpsychologie der Universität Hamburg wurde ein Forschungsprojekt realisiert, im Rahmen dessen das Instrument Gesundheits- und Entwicklungsförderliche FührungsverhaltensAnalyse (GEFA) entwickelt und anschließend empirisch erprobt wurde. Mit dessen Hilfe kann der direkte Einfluss des Führungsverhaltens auf die Anforderungen, Stressoren und Ressourcen der Mitarbeiter, die vermittelt über die Arbeitsbedingungen Einfluss auf die Gesundheit der Mitarbeiter haben, untersucht werden. Ziel war es, handlungsorientierte Empfehlungen für besonders gesundheitlich- und entwicklungsförderliche Verhaltensweisen des Vorgesetzten schlussfolgern zu können.[194] Dazu bestätigt die empirische Untersuchung mit 1.278 Mitarbeitern aus verschiedenen Unternehmen die guten psychometrischen Kennwerte des Instruments GEFA. Aus den Untersuchungen leiten sich die drei Führungsfaktoren *überfordernde Führung*, *entwicklungsorientierte Führung* und *unterstützungsorientierte Führung* ab, die die Grunddimensionen des Modells Gesundheits- und Entwicklungsförderlicher Führung bilden (s. Darst. 13).[195]

Der Faktor überfordernde Führung umfasst in qualitativer Hinsicht zu hohe Aufgabenanforderungen, zu hohe Verantwortung sowie in quantitativer Hinsicht zu hohes Arbeitsvolumen und Zeitdruck. Entwicklungsorientierte Führung beinhaltet Aspekte, Komplexität/Variabilität, Handlungsspielraum, Partizipation und Vertrauen in die

---

[193] Vgl. Franke/Vincent/Felfe (2011), S. 378 f.
[194] Vgl. Vincent (2011), S. 52 f.
[195] Vgl. Vincent (2011), S. 49, 54.

Fähigkeiten der Mitarbeiter. Instrumentelle Unterstützung/Information, Klarheit/Transparenz, Anerkennung/Feedback, Konfliktmanagement, Kooperation, Karriereunterstützung und Integrität/Fairness werden unter der Dimension unterstützungsorientierte Führung zusammengefasst.[196]

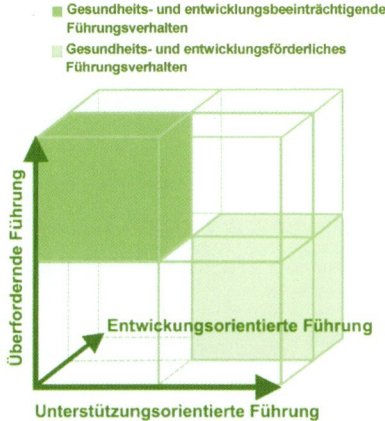

Darst. 13: Modell gesundheits- und entwicklungsförderlicher Führung. Quelle: Vincent (2011), S. 54.

Es konnte nachgewiesen werden, dass Mitarbeiter mit hohen gesundheitlichen Beeinträchtigungen durch hohe überfordernde Führung sowie geringe entwicklungsorientierte und geringe unterstützungsorientierte Führung geprägt waren. Bei Mitarbeitern mit dem besten Gesundheitszustand waren entwicklungsorientierte und unterstützungsorientierte Führung hingegen stark ausgeprägt und sie wurden durch ihre Führungskräfte so gut wie kaum überfordert. Anhand des Instruments GEFA ist eine Vorhersage des Befindens der Mitarbeiter durch das Führungsverhalten genauer, als anhand von bisher genutzten transformationalen Führungsskalen.[197] Demnach wird empfohlen, als Führungskraft unterstützungs- und entwicklungsförderlich zu führen und entsprechende praktische Handlungsempfehlung (s. Anhang 18) zu berücksichtigen.

---

[196] Vgl. Vincent (2011), S. 53 f.; vgl. Franke/Vincent/Felfe (2011), S. 380.
[197] Vgl. Vincent (2011), S. 53 ff.

6.4 Umgang mit psychisch beanspruchten Mitarbeitern

Trotz aller Bemühungen des Vorgesetzten bleibt es nicht aus, dass ein Mitarbeiter früher oder später erkrankt, da er besonderen Belastungen ausgesetzt war. Diese müssen nicht zwangsläufig aus der Arbeitssituation resultieren, und dem Verschulden der Führungskraft zugerechnet werden, sondern können ihren Ursprung auch im privaten Umfeld haben. Physisch und psychisch belastete Mitarbeiter stellen für Führungskräfte häufig eine Herausforderung dar. Oft können Vorgesetze selbst Krankheitsbilder nicht genau einschätzen oder unternehmen aus Unwissenheit einfach nichts.[198] Auch für den Mitarbeiter selbst ist insbesondere die Diagnose von psychischen Ursachen, die sich in körperlichen Symptomen äußern, ein Tabuthema. Es besteht zu viel Scham, diese Erkrankungen offen darzulegen und sich entsprechend Hilfe zu suchen. Die Angst vor dem Unverständnis von Kollegen und Vorgesetzten ist zu groß. In solchen Fällen ist es besonders bedeutsam, dass Vorgesetzte die richtigen Maßnahmen ergreifen. Voraussetzung dafür ist das Erkennen von Auffälligkeiten im Verhalten oder der Leistung des Mitarbeiters, die seine arbeitsvertraglichen Pflichten beeinträchtigen. Diese Veränderungen können erst bemerkt werden, wenn der Vorgesetzte auch weiß, wie der Mitarbeiter im gesunden Zustand arbeitet und sich verhält.[199] Eine kontinuierliche Auseinandersetzung mit jedem einzelnen Mitarbeiter ist deshalb unabdingbar. Führungskräfte, denen das Wohlergehen der Mitarbeiter am Herzen liegt werden zwar häufiger, insbesondere beim Auftreten körperlicher Beschwerden, vom Mitarbeiter selbst für ein Gespräch konsultiert. Es kann dennoch sein, dass der Mitarbeiter nicht über die Art der Erkrankung sprechen will. Speziell im Fall von psychischen Erkrankungen kann vom Mitarbeiter nicht erwartet werden, dass er diese offen darlegt. Und er ist nicht rechtlich verpflichtet, den Vorgesetzten über seine Diagnosen zu unterrichten.[200]

Psychisch fehlbeanspruchte Mitarbeiter können ihrer Arbeitstätigkeit in einem bestimmten Umfang nachkommen, insbesondere dann, wenn sie die Erkrankung verheimlichen wollen. Dennoch gibt es Anzeichen für die Führungskraft, auf die sie bei ihren Beobachtungen besonders achten und so eher das Gespräch zum Mitarbeiter suchen kann. Zum einen lassen sich Auffälligkeiten im *Arbeitsverhalten* des betroffenen Mitarbeiters erkennen. Unpünktlichkeit, Unzuverlässigkeit, häufige

---

[198] Vgl. Roschker (2014), S. 2 f.
[199] Vgl. Riechert (2011), S. 78.
[200] Vgl. Matyssek (2003), S. 111 f.

Kurzerkrankungen, unentschuldigtes Fehlen bzw. die verspätete Einreichung von Krankmeldungen sowie mangelnde Disziplin und Durchhaltevermögen, das sich in häufigen Unterbrechungen und Pausen sowie dem Entfernen vom Arbeitsplatz widerspiegelt, sind Anzeichen, die sich in diese Kategorie einordnen lassen. Verhaltensänderungen speziell im *Leistungsbereich* können sich qualitativ und quantitativ in einer Leistungsminderung ausdrücken. Leistungen des Mitarbeiters unterliegen häufigeren Schwankungen und die Fehlerquote steigt an. Auch wiederholtes Kontrollieren von sonst routinierten Aufgaben weist auf Veränderungen im Befinden des Mitarbeiters hin. Ein weiteres Problemfeld kann das *Sozialverhalten* sein. Häufig lässt sich dabei ein Rückzugsverhalten des Mitarbeiters wahrnehmen, der den Kontakt zu Kollegen, z.b. auf Betriebsfeiern oder Pausen meidet. Auch unvorhersehbare gereizte Reaktionen, Stimmungsschwankungen, Misstrauen und Negativerwartungen gegenüber Kollegen und Vorgesetzten oder Niedergeschlagenheit sind Anzeichen für das eventuelle Vorliegen einer psychischen Erkrankung. *Übergreifende Beeinträchtigungen* äußern sich in Schlaflosigkeit, verändertem Essverhalten, Vernachlässigung des äußeren Erscheinungsbildes, wie Körperhygiene und Kleidung sowie Angespanntheit.[201]

Die Aufgabe der Führungskraft liegt nicht darin, medizinische Diagnosen zu stellen und zu erkennen, ob eine psychische Erkrankung und wenn ja, welche, vorliegt. Dies ist Aufgabe von Medizinern und Psychotherapeuten. Aufgabe der Führungskraft ist es jedoch, zu erkennen, ob Anzeichen vorliegen, die für das Verhalten untypisch sind und die notwendigen Handlungsschritte zu befolgen (s. Darst. 14) und den Mitarbeiter gezielt zu konfrontieren. Dabei ist in den meisten Fällen die Initiative des Vorgesetzten gefragt. Nur in den wenigstens Fällen bei Vorliegen psychischer Erkrankungen wird der Mitarbeiter selbst das Gespräch suchen, aus Scham oder einer Fehleinschätzung der persönlichen Situation mit dem Glauben, sich selbst helfen zu können.[202]

Das erste Gespräch zwischen Vorgesetztem und Mitarbeiter sollte inhaltlich gut vorbereitet sein und kann einer Zuspitzung der Situation abhelfen (s. Anhang 19). Die Führungskraft sollte zunächst ihre Beobachtungen schildern, sich dabei rein auf die arbeitsrelevanten Aspekte beziehen und ihre Eindrücke objektiv darlegen, ohne Interpretationen vorzunehmen. Der Mitarbeiter muss das Gefühl einer vertraulichen

---

[201] Vgl. UK PT (2013), S. 5.; vgl. Hölscher (2013), S. 62 f.
[202] Vgl. Hölscher (2013), S. 63 ff.

Atmosphäre haben und mittels offener Fragestellungen einen möglichst hohen Gesprächsanteil besitzen. Ihm muss bewusst werden, dass sich sein Vorgesetzter innerhalb der Fürsorgepflicht um ihn sorgt und eine Veränderung notwendig ist. Hierbei kann bereits auf unternehmensinterne und –externe Unterstützungsangebote verwiesen werden. Am Ende des Gesprächs empfiehlt es sich, einen Termin für ein Zweitgespräch zu vereinbaren, in dem die Situation und deren Verlauf weiter einge-schätzt werden kann. Wenn eine positive Veränderung der Situation durch den Vorgesetzten wahrgenommen wird und auch der Mitarbeiter gegebenenfalls bereits Schritte eingeleitet hat ist es wichtig, ihm ständige Rückmeldung und Feedback zu geben. Der Kontakt sollte kontinuierlich gehalten werden. Sind die Veränderungen weiterhin im negativen Bereich, ist der Mitarbeiter erneut anzusprechen und weitere Funktionen im Unternehmen hinzuzuziehen. Gegebenenfalls sind disziplinarische Maßnahmen einzuleiten.[203] Die Zuhilfenahme eines Gesprächsvorbereitungsbogens (s. Anhang 20) und Gesprächsleitfadens ist in einer solchen Lage hilfreich.

Darst. 14: Handlungsschritte der Führungskräfte im Fall von psychisch beanspruchten Mitarbeitern. Quelle: In Anlehnung an UK PT (2013), S. 8.

Ziel ist es, den Mitarbeiter bei abweichendem Verhalten frühzeitig anzusprechen und Unterstützung anzubieten. Je früher eine Auseinandersetzung mit dem Thema

---

[203] Vgl. UK PT (2013), S. 7.

erfolgt, desto besser kann geeignete Abhilfe geschaffen werden. In einer frühen Phase psychischer Belastung fällt es oft viel leichter mit dem Mitarbeiter ins Gespräch zu kommen. Ist die Erkrankung fortgeschritten, sind die Betroffen kommunikativ schwerer zu erreichen. Ebenfalls steigt das Risiko längerer Fehlzeiten. Mit Ausübung dieser Fürsorgepflicht kann verhindert werden, dass aus psychischen Fehlbelastungen langfristig chronische Erkrankungen resultieren.[204]

6.5 Grenzen gesunder Führung

Die Möglichkeiten und Grenzen gesundheitsförderlicher Führung hängen vorrangig vom Führungsverständnis ab. Führung als ein Prozess der sozialen Einflussnahme auf die Gesundheit der Mitarbeiter stößt schnell an formale Grenzen und beschränkt sich häufig auf die Umsetzung der bestehenden gesetzlichen Regelungen im Gesundheitsschutz.[205] Dabei sind Engagement und Authentizität der Schlüssel zur Entfaltung von Motivation und der Vorbildwirkung des Vorgesetzten, um gesundheitorientiertes Handeln zu fördern. Ist dies dem Mitarbeiter nicht ersichtlich und erhält er das Gefühl, dass sein Vorgesetzter nicht aus Interesse am Mitarbeiter und aus Überzeugung heraus das Thema Gesundheit ernst nimmt, sondern vorrangig aus der Pflicht heraus agiert, Gesundheitsmaßnahmen im Unternehmen umsetzen zu müssen, wird die angestrebte Wirkung beim Mitarbeiter verfehlt. Typisches Beispiel dafür ist eine Führungskraft, die ihren Mitarbeitern rät, bei Erkältung zu Hause zu bleiben, jedoch selbst krank zur Arbeit erscheint. Daraus resultiert Unsicherheit, Zweifel am Rat der Führungskraft und im schlimmsten Fall kommen die Mitarbeiter selbst krank zur Arbeit, was die Problematik des Präsentismus weiter fördert.[206]

Zwingend erforderlich ist außerdem das Bestehen einer Vertrauensbasis zwischen Mitarbeiter und Vorgesetztem, um ehrlich und offen über Belastungen und gesundheitliche Beeinträchtigungen sprechen zu können. Wenn Mitarbeiter kein Vertrauen in ihre Führungskraft setzen und ihre Überforderung verschweigen wollen wird es schwierig sein, Stresssignale zu erkennen und entsprechende Maßnahmen einzuleiten. Da insbesondere das Thema Gesundheit mit dem Privatleben der Beschäftigten

---

[204] Vgl. Hölscher (2013), S. 63 f.
[205] Vgl. Schmidt/Wilkens (2009), S. 598.
[206] Vgl. Franke/Felfe (2011), S. 11 f.

verknüpft ist, ist hohes Einfühlungsvermögen der Führungskräfte gefordert, um die Grenze zwischen Arbeits- und Privatleben nicht zu überschreiten.[207] Der Vorgesetzte benötigt eine kritische Distanz zu seinen Mitarbeitern. Diese kann schnell verloren gehen, wenn berufliches und privates zu sehr vermischt wird.[208]

Trotz aller Fürsorge für die Gesundheit ihrer Mitarbeiter ist die Führungskraft kein Arzt, Therapeut oder Sozialberater, der für alle Belange des psychischen Wohlbefindens verantwortlich ist. Vielmehr dient sie als erste Anlaufstelle und kann Verhaltensänderungen und Auffälligkeiten als erstes erkennen und entsprechende Maßnahmen einleiten sowie Unterstützung bieten. Ab einem gewissen Punkt, an dem die Führungskraft selbst ihr Repertoire ausgeschöpft hat und nichts in ihrer Macht stehende mehr unternehmen kann, um die Situation zu verbessern, sollten Experten hinzugezogen werden. In einer solchen Situation ist die ehrliche Haltung gegenüber dem Mitarbeiter erforderlich, um ihm zu verdeutlichen, dass die Führungskraft überfordert oder einfach nicht mehr der richtige Ansprechpartner ist.[209] Erste Anlaufstelle ist die betriebliche Sozialberatung. Oft kann sie selbst weiterhelfen, ist jedoch auch im Unternehmen gut vernetzt und kennt weitere interne und externe Ansprechpartner. Auch der Betriebsarzt oder Betriebsrat kann als Unterstützung hinzugezogen werden, wenn Verhaltensveränderungen auftreten und sich nach ersten Gesprächen mit dem Mitarbeiter kein Lösungsansatz abzeichnet.[210]

Auch Führungskräfte, die ihre Rolle als Gesundheitsförderer vorbildlich erfüllen, gelangen an ihre Grenzen, wenn der Mitarbeiter selbst nicht das Bewusstsein für seine eigene Gesundheit mitbringt. Letztlich kann die Führungskraft das Wohlbefinden zwar innerhalb ihres Tätigkeitsspielraums fördern, doch letztlich ist der Mitarbeiter selbst eigenverantwortlich für sein Gesundheitsverhalten zuständig. Der Gesundheitszustand des Mitarbeiters wird nämlich durch ganz verschiedene Faktoren bestimmt, die zu einem großen Teil nicht im Berufs- sondern im Privatleben liegen.[211]

In der Praxis werden Führungskräfte häufig mit widersprüchlichen Situationen konfrontiert. Auf der einen Seite legen Unternehmen Wert auf gesunde Führung, auf der anderen Seite spiegelt die gelebte Kultur ein anders Bild, nämlich enorm hohe

[207] Vgl. Franke/Felfe (2011), S. 12.
[208] Vgl. Matyssek (2010b), S. 39.
[209] Vgl. Riechert (2011), S. 100 f.
[210] Vgl. Matyssek (2003), S. 115.
[211] Vgl. Schelenz (2009), S. 95.

Leistungs- und Verausgabungsbereitschaft, wider. Aus einem zu hohen Arbeitstempo und Arbeitsdichte resultiert Zeitmangel und es können Reibungsverluste, v.a. in der Kommunikation mit den Mitarbeitern entstehen. Führungskräfte, die selbst Stress ausgesetzt sind, und nicht wissen, wie sie mit solchen Situationen umgehen sollen, fallen schneller in alte Verhaltensmuster zurück. Unter diesem Zeitmangel leidet letztlich die Qualität eines gesunden Führungsstils.[212] Letztlich werden alle Bemühungen der Führungskräfte scheitern, wenn in der Unternehmens- und Führungskultur Gesundheit nicht als Schwerpunktthema verankert ist. Wenn die Unternehmensleitung gesundheitsförderliche Führung lediglich zur Erfüllung gesetzlicher Pflichten versteht, werden der Führungsebene Grenzen innerhalb ihres Handlungsspielraums gesetzt und die Umsetzung von Maßnahmen erschwert. Erkennt die Geschäftsleitung hingegen die Potenziale und Handlungsoptionen gesunder Führung und unterstützt die Implementierung im Unternehmen, kann eine Führungskultur entstehen, die die Gesundheit der Mitarbeiter fördert.[213]

---

[212] Vgl. Stilijanow/Bock (2013), S. 159.
[213] Vgl. Franke/Felfe (2011), S. 12.

7 Erfolgreiche Umsetzung im Unternehmen

7.1 Maßnahmen zur Implementierung gesunder Führung

Um gesunde Führung im Unternehmen zu implementieren, sollten jegliche Maßnahmen in das Gesamtkonzept des BGM integriert werden und nicht als einzelnes Management-Konzept bestehen. Auf das Unternehmen abgestimmte Maßnahmen zur Förderung psychischer Gesundheit, die auf die spezifischen Mitarbeitergruppen ausgerichtet sind, erhöht die Erfolgsaussichten wesentlich. Außer Frage steht, dass es sich bei der Implementierung einer gesunden Führungskultur um einen Top-down-Prozess handelt. Das bedeutet, dass die Unternehmensleitung bereit sein muss, entsprechende Verhaltensänderungen selbst auf oberster Führungsebene anzuwenden. Herrscht bereits hier eine Inkonsistenz im Verhalten vor, wird unteren Hierarchieebenen keine Orientierung ermöglicht, so dass investierte Zeit und Geld vergebens sind.[214] Darüber hinaus wirken Führungskräfte der oberen Hierarchieebenen als Vorbild für darunterliegende Führungskräfteebenen, wodurch das Gesundheitshandeln weiterhin gefördert wird.[215]

Um alle Beteiligten im Unternehmen zu Betroffenen zu machen, empfiehlt es sich eine Informationsveranstaltung (Kick-off) für alle Mitarbeiter anzubieten. So können sie untereinander ins Gespräch kommen und die Botschaft, nämlich das Gesundheit eines der Schlüsselthemen im Unternehmen ist, dessen man sich zukünftig noch mehr annehmen möchte, wird erfolgreich vermittelt. Die Teilnahme an diesem Kick-off darf auch verpflichtend sein. Angenehme Räumlichkeiten, gesunde Snacks und Getränke sollten zum Rahmenprogramm der Veranstaltung gehören. Es kann auch eine Personalveranstaltung unter einem bestimmten Thema, wie Stress, psychische Erkrankungen oder Burn-out, initiiert werden. Die Vortragsredner sollten bei einer solchen Erstveranstaltung die Menschen begeistern können, so dass die Aufmerksamkeit von Beginn an auf das Thema gelenkt wird. Hierbei bietet es sich an, einen kleinen Selbstcheck zu integrieren, bei dem die Mitarbeiter herausfinden können, wo sie sich gerade befinden. Kleine Erinnerungshilfen, wie Buttons, Anhänger, Postkarten, für den Anschluss an die Veranstaltung runden diese ab. Die Präsenz der Geschäftsführung muss, zumindest bei den Auftaktveranstaltungen und wünschenswerterweise auch bei Folgeveranstaltungen, dringend gewährleistet sein, um den

---

[214] Vgl. Sprenger (2012), S. 128; vgl. Lümkemann/Glaw (2009), S. 97.
[215] Vgl. Pangert (2011), S. 129 f.

Mitarbeitern zu verdeutlichen, dass das Thema signifikante Bedeutung hat und von oberster Managementebene unterstützt und getragen wird.[216]

Für die ganzheitliche Ausrichtung des Unternehmens ist es notwendig dem Thema Gesundheit ein Leitbild überzuordnen, das aussagekräftig ist. Dafür ist die Beteiligung des Vorstandes vorgesehen, der mit dem Leitbild nicht nur leere Worte verspricht. An diesem Prozess sind auch die Mitarbeiter, z.B. im Rahmen von Großgruppenmoderationen, zu beteiligen. Seminare zu verschiedenen Themen, wie Stress, Burnout, Sucht, gesunde Führung, Konfliktmanagement usw., die den Mitarbeiter im Unternehmen fokussieren, sollten über einen längeren Zeitraum geplant werden. Ziel ist es, dass der Mitarbeiter mit konkreten Handlungshinweisen die Vorträge verlässt. Ein positiver Effekt ist die Steigerung des Zusammengehörigkeitsgefühls, die Wertschätzung vom Unternehmen und natürlich die Wissensvermittlung. Die angebotenen Veranstaltungsreihen müssen unbedingt im Unternehmen kommuniziert werden, um zu gewährleisten, dass eine breite Masse an Mitarbeitern erreicht wird. Dies kann mittels Intranet, Flyer, Postkarten oder Plakaten, entsprechend dem Leitgedanken *Tue Gutes und rede darüber* geschehen.[217] Es ist zu beachten, dass das Thema Gesunde Führung und dazugehörige Maßnahmen auf Unternehmensebene gleich zu Beginn der Übernahme von Führungsfunktionen eines Mitarbeiters integriert werden. Damit unterbindet man die Gefahr, dass neue Führungskräfte in eine gegensätzliche Richtung agieren und dem Thema nicht seine notwendige Beachtung zukommen lassen.[218] Eine kontinuierliche Evaluation der Maßnahmen, z.B. mit Hilfe von Mitarbeiterbefragungen, sichert einen nachhaltigen Erfolg.

Bei der Integration von Gesundheit in das Führungshandeln kann es sich als effizient erweisen, mit Krankenkassen zusammen zu arbeiten. Sie besitzen das fachliche Know-How zu den Gesundheitsthemen und haben in den vergangenen Jahren selbst verstärkt den Fokus auf gesundheitsorientierte Führung gelegt. Nennenswert ist in diesem Zusammenhang die Krankenkasse BARMER GEK, die ein umfangreiches Paket zu gesunder Führung mit verschiedenen Workshops und Seminaren, wie *Führungsaktiv, Sich selbst gesund führen* oder *Mitarbeiter gesund führen* für Arbeit-

---

[216] Vgl. Matyssek (2010a), S. 165 ff.
[217] Vgl. Matyssek (2010a), S. 171 ff.
[218] Vgl. Berninger-Schäfer (2013), S. 153

geber anbietet.[219] Auch die Gesundheitschecks können in Zusammenarbeit mit den Krankenkassen durchgeführt werden. Wichtig ist, dass die Umsetzung langfristig und strategisch ausgerichtet ist. Um Veränderungen im Bewusstsein und im Verhalten der Mitarbeiter zu bewirken, ist diese Zeit erforderlich, um zur notwendigen Erkenntnis der Veränderung zu gelangen und um Ziele zu setzen und zu erreichen. Kleine kontinuierliche Schritte und nicht alle Maßnahmen auf einmal, garantieren die Verankerung im Denkprozess der Beteiligten.[220] Zusammenfassend gilt, dass für eine erfolgreiche Implementierung einer gesunden Führungskultur sämtliche Mitarbeiter des Unternehmens gefordert sind, angefangen bei der Unternehmensleitung, über die Führungskräfte bis hin zu jedem einzelnen Mitarbeiter.

7.2 Unterstützungsangebote zur Förderung gesundheitsorientierter Führung

Im folgenden Kapitel werden Maßnahmen vorgestellt, die die Führungskraft darin unterstützen, sich selbst und ihre Mitarbeiter gesund zu führen. Vorgesetzte dürfen nicht nur als Vermittler von Gesundheitsförderung sondern müssen auch als Zielgruppe betrachtet werden. Dafür sind zum einen Angebote für die gezielte Qualifizierung und die Steigerung der eigenverantwortlichen gesunden Lebensführung notwendig und zum anderen die Integration dieser erlernten Kompetenzen in einen gesunden Führungsstil. Qualifizierungsmaßnahmen zum Selbstmanagement, wie Zeiteinteilung und Prioritätensetzung, zu gesunder Ernährung und zu körperlicher Aktivität sollten durch Fortbildungen zur Steigerung der Kommunikationskompetenz und Gesprächsführung ergänzt werden. Die Entlastung von Führungskräften kann durch kollegiale Beratung, ein Erfahrungsaustausch unter Führungskräften ohne Konkurrenz zueinander, ein weiteres Angebot für die Führungskräfte als Multiplikatoren des Unternehmens sein.[221] Orthmann et al. weisen im Hinblick auf die Entwicklung gesundheitsfördernder Führungsressourcen auf verschiedene Personalentwicklungsmöglichkeiten und Unterstützungsangebote hin:[222]

---

[219] Vgl. BARMER GEK, Führung und Gesundheit, https://firmenangebote.barmer-gek.de/barmer/web/Portale/ Firmenangebote/Gesundheitsangebote-fuer-Beschaeftigte/Seminare-Workshop/Seminarkalender/ Fuehrung-und-Gesundheit/Fuehrung-und-Gesundheit.html [Stand: 12.06.2014].

[220] Vgl. Sprenger (2012), S. 129.

[221] Vgl. BARMER Ersatzkasse (2007), S. 58.

[222] Vgl. Orthmann/Gunkel/Otte (2011), S. 145 f.

- Führungskräfteseminare mit Fokus Gesundheit und Führung
- Schulungen und Trainings für Konflikt- und Stressmanagement
- Gesundheitscoaching für Führungskräfte
- Gegenseitige Unterstützung der Führungskräfte untereinander
- Allgemeine Führungsschulungen
- Gestaltung von Arbeits- und Organisationsprozessen zur Förderung von Transparenz, Beteiligung und Kommunikationsstruktur

Es erfolgt eine exemplarische Auseinandersetzung mit den Führungskräfteseminaren zur Förderung gesunder Führung, Gesundheitscoaching und kollegialer Beratung.

7.2.1 Führungskräfteseminar

Am Markt platzieren sich unzählige Anbieter von Seminaren, Trainings und Work-shops zu Gesundheitsthemen, wie Betriebliches Gesundheitsmanagement, Psychische Belastungen, Stressmanagement, Gesund Führen, Burnout-Prävention im Unternehmen, Zeit- und Selbstmanagement, Gesunde Ernährung, Resilienz, Work-Life-Balance usw. Unternehmen und Mitarbeiter stehen dabei vor der Herausforderung, das richtige Angebot auszuwählen, was bei diesem Umfang an Trainings und Workshop schnell zu erheblichen Entscheidungsproblemen führen kann. Angesichts der Kosten und Zeit, die investiert werden, sollte vorab eine genaue Auseinandersetzung mit dem Themenschwerpunkten erfolgen. Kleine und mittelständische Unternehmen, die vorrangig mit externen Anbietern zusammenarbeiten, sollten unbedingt eine Vorauswahl an Angeboten zum Gesundheitsbereich treffen und diese den Mitarbeitern in einem Katalog an Möglichkeiten zur Auswahl stellen. Auch die Kooperation mit Krankenkassen, die spezifische Gesundheitsprogramme für Unternehmen anbieten, ist hierbei sinnvoll. Bereits jetzt arbeiten „rund 80 Prozent der Unternehmen .. im Betrieblichen Gesundheitsmanagement mit einer gesetzlichen Krankenversicherung zusammen"[223].

Bei Führungskräfteseminaren mit Schwerpunkt Gesundheit zeigt sich der Trend, Gesundheit und Führung miteinander zu verbinden. Welche Einflussfaktoren auf die Gesundheit möglich sind und wie sich das eigene Verhalten auch auf die Mitarbeiter

---

[223] Jonas, Erste Studie zur Zusammenarbeit von Krankenkassen und Unternehmen im Gesundheitsmanagement, 18.03.2013, http://www.corporate-health-award.de/infocenter/newsletter/news-single/article/erste-studie-zur-zusammenarbeit-von-krankenkassen-und-unternehmen-im-gesundheitsmanagement.html [Stand: 20.06.2014].

positiv oder negativ auswirken kann sollten dabei die beiden Schwerpunkte bilden. Vor allem bei größeren Unternehmen lohnt sich der Gedanke an die Konzeption eines eigenen Seminarangebotes. Hierbei sollte besonderer Fokus auf die Identifikation mit der Unternehmenskultur gelegt werden. Standardisierte, externe Seminare sind häufig nicht auf die Unternehmenskultur angepasst und können bewirken, dass sich die Führungskräfte nicht mit den behandelten Inhalten identifizieren oder sogar Widersprüche zu den im Unternehmen gelebten Werten existieren. Als negative Konsequenz daraus kann der Praxistransfer nicht gewährleistet werden.

Nachfolgend wird ein Beispiel für ein Seminar zur gesunden Führung veranschaulicht, das auf den vorangegangenen Erkenntnissen und Ausführungen zum Thema beruht. Zur Analyse der Ist-Situation erfolgen im Vorfeld des Seminars Gesundheits- und Selbstchecks zur gesundheitsgerechten Führung, die im Rahmen der Module ausgewertet und entsprechende Handlungsbedarfe abgeleitet werden. Das erste Modul des Seminars, das auf einen Tag ausgelegt ist, thematisiert die gesunde Selbstführung der Führungskraft. Ziel ist es, die Führungskraft zunächst für das Thema Gesundheit zu sensibilisieren und ihr eigenes Gesundheitsverhalten zu analysieren und zu verbessern. Das ebenfalls eintägige Modul zwei befasst sich mit der gesunden Mitarbeiterführung, d.h. entsprechenden Maßnahmen für die Umsetzung eines gesunden Führungsstils in die Praxis (s. Darst. 15).

Exemplarisches Seminarkonzept „Gesunde Führung"

Ziele:

- Gesundheitsbewusster Umgang mit der eigenen Person
- Sensibilisierung für den Zusammenhang zwischen Führung und Gesundheit
- Reflexion des eigenen Führungsverhaltens und dessen Auswirkung auf die Mitarbeiter
- Vermittlung von Maßnahmen zur gesundheitsförderlichen Führung
- Umgang mit psychisch erkrankten Mitarbeitern
- Transfersicherung der Erkenntnisse zur Integration in den Führungsalltag

Modul 1: Gesunde Selbstführung

1) *Bedeutung von Gesundheit*
   a) Definition von Gesundheit nach Antonovsky
   b) Folgen gesundheitsschädigender Verhaltensweisen

2) *Belastungs-Beanspruchungs-Modell*
   a) Belastungen und Beanspruchungen im Arbeitsalltag
   b) Umgang mit Ressourcen
   c) Bedeutung von Resilienz

3) *Physische und psychische Gesundheit stärken*
   a) Auswertung und Analyse der Gesundheitschecks*
   b) Stressbewältigung, Entspannungstechniken
   c) Richtige Ernährung und Bewegung

Modul 2: Gesunde Mitarbeiterführung

1) *Zusammenhang von Führung und Gesundheit*
   a) Auswirkung von Führung auf den Krankenstand
   b) Absentismus vs. Präsentismus und deren betriebswirtschaftliche Auswirkungen
   c) Einfluss des Führungsverhaltens auf die Mitarbeiter
      - Führungsverhalten als Stressor
      - Führungsverhalten als Ressource

2) *Rolle der Führungskraft*
   a) Gesetzliche Rahmenbedingungen
   b) Gestaltung der Arbeitsbedingungen
   c) Vorbildfunktion

3) *Analyse des eigenen Führungsstils*
   a) Fallbeispiele zu gesunder und ungesunder Führung
   b) Auswertung der Fragebögen zu gesunder Führung
   c) Ableitung von Handlungsempfehlungen

4) *Instrumente zur Förderung gesundheitsorientierter Führung*
   a) Gesunde Kommunikation und Gesprächsführung
   b) Konfliktmanagement
   c) Soziale Unterstützung
   d) Gestaltung von Arbeitsbedingungen
   e) Umgang mit psychisch belasteten Mitarbeitern

Darst. 15: Exemplarisches Seminarkonzept „Gesunde Führung". Quelle: Eigene Darstellung in Anlehnung an Grashaußer (2013), S. 50 ff.

Ziel dieser Art von Führungskräftetrainings ist vor allem der Ausbau sozialer und personenbezogener Aspekte des eigenen Führungsverhaltens, wie soziale Kompetenzen, Kommunikations- und Interaktionsverhalten mit den Mitarbeitern. Aber auch die arbeitsbezogenen Aspekte, wie bspw. Partizipation, Handlungsspielräume werden aufgegriffen.[224] Gesundheit sollte auch als betriebswirtschaftliche Steuerungsgröße mit in Qualifizierungsmaßnahmen einfließen. So werden nicht nur die weichen Faktoren, sondern auch die besonders für das Management wichtigen harten Faktoren berücksichtigt.[225]

Als organisatorische Gestaltungsaspekte haben sich im Vorfeld der Qualifizierungsmaßnahme Kurzinterviews mit den Führungskräften bewährt. So spricht man sie persönlich an, weckt damit ihr Interesse und sensibilisiert sie zugleich für das Thema. Es empfiehlt sich außerdem Experten aus den jeweiligen Bereichen, wie Arbeitssicherheit und Arbeitsmedizin, z.B. für Kurzvorträge, in das Seminar einzubeziehen. Um den Lerntransfer gewährleisten zu können, ist es ebenfalls von Vorteil, zwischen den Modulen Transferphasen zu ermöglichen und sie in zeitlichem Abstand durchzuführen. Die Teilnehmerzahl sollte idealerweise bei 10 bis 14 Teilnehmern liegen. So wird der breite Erfahrungsaustausch gewährleistet und das Thema kann während den Übungen in kleineren Gruppen vertieft werden.[226] Zur Sicherung des Praxistransfers empfiehlt es sich ebenfalls im Anschluss an das Seminar ein Follow-Up anzubieten, um nach wenigen Wochen bzw. Monaten den Fortschritt der Umsetzung

---

[224] Vgl. Franke/Vincent/Felfe (2011), S. 387.

[225] Vgl. Schmidt/Wilkens (2009), S. 598.

[226] Vgl. Schmidt/Wilkens (2009), S. 599.

gesunder Führung in die Praxis zu kontrollieren.[227] Auch die Anwendung von Coachingmethoden, wie z.B. dem Gesundheitscoaching (s. Kapitel 7.2.2) ermöglicht eine individuelle Umsetzung und Vernetzung dieser Gesundheitsmaßnahme in den Berufsalltag.[228] Die Durchführung einer kollegialen Beratung (s. Kapitel 7.2.3) kann insbesondere im Anschluss an ein solches Seminar erhöhte Erfolgsaussichten versprechen.

Maßgeblich bei gesundheitsspezifischen Angeboten ist immer die freiwillige Teilnahme, wie sie auch beim Gesundheitscoaching und bei der kollegialen Beratung gegeben sein muss. Es hilft keinesfalls, dem Mitarbeiter bestimmte Seminare zu verordnen, damit sich der Umgang mit seiner eigenen und der Gesundheit seiner Mitarbeiter ändert. Ann Katrin Matyssek, Dipl. Psychologin und Expertin im Bereich Gesunde Führung, die selbst ein Trainingskonzept zum Thema *Gesund Führen – sich und andere* entwickelt hat, spricht sich offen gegen Pflichtseminare aus. Dabei würde das nachhaltige Ziel gesunder Führung verfehlt, da die Bereitschaft zu Verhaltensänderung bei den Führungskräften nicht von Beginn an gegeben ist.[229] „Pflichtseminare sind immer ein Symbol dafür, dass die Kultur des Unternehmens noch nicht so weit ist".[230] In einem gesunden Unternehmensumfeld, in dem die Bedeutung des Themas Gesundheit klar kommuniziert und in der Kultur verankert ist, werden sich immer mehr Führungskräfte deshalb freiwillig für diverse Angebote finden.

7.2.2 Gesundheitscoaching

Coaching ist ein personenorientierter Beratungs- und Begleitungsprozess für Personen mit Führungs- und Steuerungsfunktion. Bei dieser individuell gestalteten Beratung auf Prozessebene werden primär Anliegen aus dem beruflichen Kontext umfasst. Die Anlässe können dabei ganz unterschiedlich ausfallen, gemeinsam ist ihnen jedoch ein aktuelles Anliegen einer Person, dass individuell bearbeitet werden soll, um so langfristige und nachhaltige Erfolge zu erzielen. Vom Coach (Berater) werden keine Standardlösungen vorgegeben, vielmehr begleitet er den Coachee (Beratener) im Prozess der Lösungsfindung, so dass dieser eigene Lösungen entwickelt und

---

[227] Vgl. Lümkemann/Glaw (2009), S. 99 f.
[228] Vgl. Berninger-Schäfer (2013), S. 141.
[229] Vgl. Matyssek (2010a), S. 131.
[230] Matyssek (2010a), S. 131.

diese somit effektiver und nachhaltiger wirken können.[231] Demnach bedeutet Coaching *Hilfe zur Selbsthilfe.*[232]

Es existieren verschiedene Varianten des Coachings (s. Anhang 21). Ein neuerer Ansatz zu Unterstützung der Selbstmanagementfähigkeiten der Führungskraft ist das Gesundheitscoaching. Auf Gesundheitsthemen bezogen bedeutet dies, die Unterstützung zur Bewältigung persönlicher und beruflicher Probleme zu geben, die sich negativ auf die Gesundheit des Coachees auswirken können. Bei der Bewältigung dieser Problemstellung werden Coachingmethoden auf den Bereich der personalen und organisationalen Gesundheitsförderung angewendet.[233] Als ganzheitliches Betreuungs- und Beratungskonzept für Personen mit Belastungs- und Gesundheitsproblemen in der Arbeit dient Gesundheitscoaching der Erweiterung des Gesundheitswissens, der Sensibilisierung für gesundheitliche Probleme und der Entwicklung von Handlungs- und Problemlösungskompetenzen, die dem effektiven Umgang mit persönlichen Belastungs- und Gesundheitsproblemen fördern. Dabei werden die persönlichen Resilienzfaktoren gestärkt, um etwaige Krisen besser bewältigen zu können. Gesundheitscoaching ist oft Anstoß zu einem persönlichen Entwicklungsprozess. Zentral werden hierbei Themen wie Bewegung, Ernährung, Stressbewältigung, Rauchen, Entspannung oder Work-Life-Balance behandelt. Grundanliegen ist die Bewusstmachung, Entwicklung und Nutzung von individuellen Ressourcen zur Förderung eines gesunden Lebens- und Arbeitsstils und die Verwirklichung einer gesunden Mitarbeiterführung.[234]

Insbesondere Mitarbeiter mit Führungsverantwortung, die meist erhöhten Belastungen, Herausforderungen und Stress und somit Gesundheitsgefahren ausgesetzt sind, profitieren von dieser Variante des Coachings. Diese Zielgruppe wirkt zudem als Multiplikator und Vorbild, so dass mit einem erfolgreichen Gesundheitscoaching einer Führungskraft ebenso die Mitarbeiter von den positiven Effekten auf ihre eigene Gesundheit profitieren können. Gesundheitscoachings sind zum einen eine verhaltensbezogene Maßnahme zur Sensibilisierung der eigenen Stressbewältigung und zum anderen bieten sie Aufschluss auf die mitarbeiterbezogene Gestaltungsperspektive. Gesundheitscoachings können einerseits das individuelle Gesundheitsbewusst-

---

[231] Vgl. Rauen (2005), S. 112 f., vgl. DBVC, Definition Coaching, http://www.dbvc.de/der-verband/ueber-uns/definition-coaching.html [Stand: 17.07.2014].

[232] Vgl. Rauen (2005), S. 287.

[233] Vgl. Berninger-Schäfer (2013), S. 140.

[234] Vgl. Rudow (2011), S. 273 f.

sein und -verhalten fördern, sowie das mitarbeiterorientierte Führungsverhalten beeinflussen, um Führungskräfte für ein gesundheitsförderliches Verhalten gegenüber ihren Mitarbeitern zu sensibilisieren. Für die Sicherstellung der Qualität der Beratung ist ein professionell ausgebildeter Gesundheitscoach zu beauftragen.[235]

7.2.3 Kollegiale Beratung

Eine weitere Möglichkeit, Führungskräfte bei der Bewältigung berufsbezogener Anforderungen zu unterstützen, ist die Methode der kollegialen Beratung. Dabei wird in einer Gruppe von bis zu sechs Führungskräften gleicher Hierarchieebene, idealerweise aus unterschiedlichen Bereichen des Unternehmens, effizient über schwierige Situationen aus dem Führungsalltag beraten.[236] Grundvoraussetzung der kollegialen Beratung sind gegenseitiges Vertrauen, Diskretion über die besprochenen Inhalte, Bereitschaft zur gegenseitigen Unterstützung, Offenheit, Respekt und Wertschätzung. Bei der Einführung kollegialer Beratung im Unternehmen wird empfohlen, die Unterstützung eines professionellen Beraters hinzuzuziehen, der den Teilnehmern die grundlegenden Kommunikations- und Beratungskompetenzen vermittelt. Mit zunehmendem Zeitverlauf, gibt der Berater seine Moderation an die Gruppenmitglieder ab, bis er sie schließlich verlässt.[237] Ein festgelegtes Ablaufmodell (s. Anhang 22), angefangen bei der Rollenverteilung über die Problemstellung und -analyse bis hin zur Beratschlagung und Lösungsfindung, sollte zu Grunde gelegt werden. Jeder Teilnehmer übernimmt eine bestimmte Rolle, die bei den jeweiligen Treffen variieren. Dazu zählen der Moderator, der Fallerzähler und die Berater. Die Lerngruppen kommen in regelmäßigen Abständen, ca. alle acht Wochen über einem Zeitraum von ungefähr eineinhalb Jahren, zusammen.[238]

Die besprochenen Themen stammen aus dem Führungsalltag der jeweiligen Teilnehmer. Der Fokus liegt verstärkt auf Fragen zur Mitarbeiterführung oder zwischenmenschlichen Beziehungen und ist auf ein konkretes Ziel, wie im vorliegenden Fall auf gesunde Führung, ausgerichtet. Beispielhaft für ein mögliches Themenfeld ist der Umgang mit psychisch belasteten Mitarbeitern. Eine Führungskraft berichtet von einem Mitarbeiter mit veränderten Verhaltensweisen und stellt die Schlüsselfrage:

---

[235] Vgl. Berninger-Schäfer (2013), S. 144 f., vgl. Ostermann (2010), S. 35 ff.
[236] Vgl. Matyssek (2010b), S. 55., vgl. Berninger-Schäfer (2013), S. 141.
[237] Vgl. Wegerich (2007), S. 79 f.
[238] Vgl. Nowoczin (2012), S. 34 f.; vgl. Tietze (2010), S. 52, 123 f.

Wie soll ich mich im Umgang mit diesem offensichtlich psychisch beanspruchten Mitarbeiter verhalten?. In der Gruppe werden die Situationen von verschiedenen Seiten beleuchtet und mittels Einsatz von bestimmten Methodentechniken Lösungsvorschläge erarbeitet. Die kollegiale Beratung dient der Führungskraft zur persönlichen Reflexion und Entwicklung von Problembewältigungsstrategien.[239]

Ziele der kollegialen Beratung sind zum einen die arbeitsplatznahe Praxisberatung (near-the-job), bei der Lösungen für konkrete Praxisprobleme gefunden werden sowie die Reflexion der beruflichen Tätigkeit und der Berufsrolle und die Qualifizierung durch den Ausbau von praktischen Beratungskompetenzen.[240] Vorhandeses Wissen kann zielgerichtet untereinander ausgetauscht werden, neue Denkansätze und Verhaltensweisen werden gefördert und da die kompetente Beratung selbst durchgeführt wird, hilft es diesen Prozess im Umgang mit den eigenen Mitarbeitern anzuwenden. Langfristig bewirkt die kollegiale Beratung eine Kompetenzentwicklung bei den Teilnehmern, da deren Persönlichkeit in den Prozess einbezogen und so die professionelle Selbststeuerung gefördert wird.[241]

Ein weiterer beachtlicher Aspekt ist die Förderung einer gemeinsamen Führungskultur. Kollegiale Beratung begünstigt die Entwicklung von differenzierten Bildern, Vorstellungen und Haltungen und damit die Herausbildung einer eigenen Kultur mit gemeinsamen Werten. Insbesondere wenn Teilnehmer Mitglieder einer Führungsebene sind, wird durch Diskussionen über Verhaltensaspekte im Beruf und Beratungen von Praxisfällen ein gemeinsam gelebtes Führungsverständnis wahrscheinlicher. Aus Organisationssicht sind die Vernetzung der Mitarbeiter und der Aufbau einer Unterstützungskultur ein positiver Effekt, der ebenfalls begünstigt wird. Außerdem können erneut auftretende Schlüsselthemen für das Management schneller sichtbar werden und gegebenenfalls entstehender Handlungsbedarf effizienter realisiert werden.[242] Diese kostengünstige Form der Personalentwicklung verdeutlicht, dass nicht immer ausschließlich externe Berater hinzugezogen werden müssen, sondern sich effiziente Lösungen schnell und häufig im Austausch mit Kollegen finden las-

---

[239] Vgl. Teuber, Kollegiale Beratung, 12.03.2013, http://www.bgm-report.de/fuhrung-und-unternehmenskultur/kollegiale-beratung [Stand: 23.06.2014].

[240] Vgl. Tietze (2010), S. 19.

[241] Vgl. Nowoczin (2012), S.35 f.

[242] Vgl. Tietze (2010), S. 25.

sen.[243] Zusätzlich wirkt sie der Isolation der Führungskräfte in ihren Führungspositionen entgegen, die häufig zu Stress führt.

Die in Kapitel 7.2 dargestellten Maßnahmen zur Förderung gesunder Führung bilden einzelne Bausteine, die je nach Ausrichtung der Unternehmens- und Führungskultur angewendet und bei Bedarf durch anderweitige Maßnahmen, die im Rahmen des BGM zur Auswahl stehen, ergänzt werden können.

---

[243] Vgl. Tietze (2010), S. 26.

8 Fazit und kritische Würdigung

Die Mitarbeiter im Unternehmen tragen selbst die Hauptverantwortung für ihr gesundheitliches Befinden. Gesundheitsbeeinträchtigungen, die aus ihrem privaten Umfeld, ihrem Lebensstil und ihrer Grundeinstellung zum Thema Gesundheit resultieren, lassen sich schwer von außen beeinflussen. Dennoch werden Mitarbeiter maßgeblich von ihrem Arbeitsumfeld, in dem sie einen Großteil ihres Lebens verbringen, geprägt. Dass ein Zusammenhang zwischen Gesundheit und Führung besteht, gilt als wissenschaftlich erwiesen und nach den Betrachtungen der vorliegenden Untersuchung zu urteilen, steht er außer Frage. Die Führungskraft entscheidet mit der Wahl ihres Führungsstils nachhaltig über die Kultur im Unternehmen. Gesunde Führung, gekennzeichnet durch Wertschätzung und soziale Unterstützung, eine gesundheitsförderliche Gestaltung der Arbeitsbedingungen sowie die Vorbildfunktion des Vorgesetzten als Motivationstreiber für ein gesundheitsbewusstes Verhalten, hilft Stress zu reduzieren, Mitarbeiter zu motivieren und den nachhaltigen Unternehmenserfolg zu fördern. Vor allem Führungskräfte der unteren und mittleren Managementebenen sind aufgrund des direkten Mitarbeiterkontaktes prädestiniert dafür, sich der Umsetzung gesunder Führung anzunehmen. Gleichermaßen darf nicht vergessen werden, dass sie selbst zur Zielgruppe von Gesundheitsmaßnahmen gehören und aufgrund ihrer Sandwich-Position sowie der damit verbundenen Problematik einer erhöhten Belastungssituation, entsprechende Unterstützung benötigen.

Die vorgestellten neuen gesundheitsorientierten Führungsansätze bieten erste Ansatzpunkte, um Handlungsempfehlungen und konkrete Maßnehmen für ein gesundes Führungsverhalten umzusetzen. Dennoch lässt sich auch erkennen, dass es sich bei dem Konzept der gesunden Führung um keinen gänzlich neuen Ansatz handelt. Viele derzeitig bestehende Führungskonzepte, wie bspw. das der transformationalen oder mitarbeiterorientierten Führung, wirken sich bereits positiv auf die Mitarbeitergesundheit aus. Es steht im Raum, ob gesunde Führung wirklich neu konzipiert werden muss, oder ob gute und richtige Führung nicht auch gleichzeitig den positiven Nebeneffekt der Förderung des Wohlbefindens der Mitarbeiter mit sich bringt. Die Gestaltungsmöglichkeiten innerhalb eines gesunden Führungsstils sind somit nichts grundsätzlich Neues für Führungskräfte, es wird jedoch vermutet, dass diese in der Vergangenheit weniger bewusst wahrgenommen wurden, weil der Einfluss auf den betrieblichen Leistungsprozess und die Performance der Mitarbeiter nicht als maßgeblich angesehen wurde.[244] Demnach muss es das Ziel des Unternehmens sein, die Führungskräfteebenen für den Zusammenhang von Führung und Gesundheit zu sensibilisieren. Erst dann können sie entsprechende Maßnahmen einleiten und als Multiplikator für Gesundheitsmaßnahmen agieren. Ein entscheidender Ansatzpunkt hierfür sind Unterstützungsangebote für Führungskräfte auf Ebene der Personalentwicklung. Die Personalabteilung als wichtiger Impulsgeber für die Realisierung von Personalentwicklungskonzepten muss überdenken, mit welchen Mitteln das Bewusstsein für eine gesunde Führung gestärkt und wie bestehende Defizite, wie ein schlechter Informationsfluss oder fehlende Mitsprachemöglichkeiten, verbessert werden können. Im ersten Schritt ist hierzu immer an dem Gesundheitsverhalten der Führungskraft selbst anzusetzen. Denn nur wer sich selbst gut führt, kann andere richtig führen. Erst dann wird sich der gesundheitsorientierten Mitarbeiterführung gewidmet. Es geht in erster Linie darum die Gesundheit der Beschäftigten in die Organisationskultur zu integrieren und als strategisches Ziel in den betrieblichen Managementprozessen zu verankern. Die Qualifizierung von Führungskräften kann der Einstieg in einen Prozess sein, der Gesundheitsförderung auf allen Ebenen zu einer zentralen Aufgabe des Unternehmens macht. Wenn langfristig ein gesünderes Arbeiten und ein höheres Wohlbefinden erreicht werden soll, muss ein Umdenken auf allen Unternehmensebenen erfolgen und eine gesunde Kultur, insbesondere eine gesunde Führungskultur, geschaffen werden.

Ein Großteil der deutschen Unternehmen hat die Vorteile einer gesunden Führungskultur noch nicht erkannt.[245] In der Praxis zeigt sich häufig die Problematik der Kosten-Nutzen-Analyse. Solange keine eindeutig identifizierbaren Zahlen für das Unternehmen vorliegen, die den finanziellen Gewinn der Maßnahmen für gesunde Führung genauestens darlegen, erschwert dies die Umsetzungsmöglichkeiten. Eindeutige Vorteile auf Seiten weicher mitarbeiterbezogener Aspekte, wie dem Betriebsklima oder der Unternehmenskultur, die schwer messbar sind, reichen der Unternehmensleitung in vielen Fällen nicht aus.[246] Dass allein die Fehlzeitenquote Aufschluss über eine gesunde Organisation gibt, ist angesichts des Präsentismusphänomens längst nicht ausreichend. Es wäre künftig erforderlich, weitere

---

[244] Vgl. Schmidt/Wilkens (2009), S. 600.

[245] Vgl. Bruch/Kowalevski, Gesunde Führung, Wie Unternehmen eine gesunde Performancekultur entwickeln, hrsg. von Universität St. Gallen, 2013, http://www.topjob.de/upload/presse/hintergrund/TJ_13_Studie_Gesund eFuehrung.pdf [Stand: 28.07.2014].

[246] Vgl. Blessin/Wick (2014), S. 341 f.

betriebswirtschaftliche Erkenntnisse im Zusammenhang von Führung und dem Unternehmenserfolg bzw. der Leistung der Mitarbeiter zu gewinnen. So könnte das betriebswirtschaftlich ausgerichtete Management von den Vorteilen gesunder Führung überzeugt werden und würde nicht mehr rein aus den gesetzlichen Vorschriften zum Gesundheitsmanagement heraus agieren.

„Gesundheit im Betrieb - das ist mehr als eine niedrige Fehlzeitenquote. Es geht um körperliches, psychisches und zwischenmenschliches Wohlbefinden im Job."[247]

---

[247] Matyssek (2010a), S. 166.

Literaturverzeichnis

Antonovsky, A.: Salutogenese, Zur Entmystifizierung der Gesundheit, Tübingen 1997.

Badura, B./Ducki, A./Schröder, H./Klose, J./Macco, K.(Hrsg.): Fehlzeiten-Report 2011, Führung und Gesundheit, Zahlen, Daten, Analysen aus allen Branchen der Wirtschaft, Heidelberg 2011.

Badura, B./Schröder, H./Vetter, C. (Hrsg.): Fehlzeiten-Report 2008, Betriebliches Gesundheitsmanagement: Kosten und Nutzen, Zahlen, Daten, Analysen aus allen Branchen der Wirtschaft, Heidelberg 2009.

Badura, B./Walter, U./Hehlmann, T.: Betriebliche Gesundheitspolitik. Der Weg zur gesunden Organisation, 2. Aufl., Heidelberg 2010.

Bamberg, E./Busch, C./Ducki, A.: Stress- und Ressourcenmanagement: Strategien und Methoden für die neue Arbeitswelt, Praxis der Arbeits- und Organisationspsychologie, hrsg. von Bamberg, E./Mohr, G./Rummel, M., Bern 2003.

Bamberg, E./Ducki, A./Metz, A.-M. (Hrsg.): Gesundheitsförderung und Gesundheitsmanagement in der Arbeitswelt, Ein Handbuch, Göttingen 2011.

Bamberg, E./Ducki, A./Metz, A.-M.: Gesundheitsförderung und Gesundheitsmanagement: Konzeptionelle Klärung, in: Bamberg, E./Ducki, A./Metz, A.-M. (Hrsg.): Gesundheitsförderung und Gesundheitsmanagement in der Arbeitswelt, Ein Handbuch, Göttingen 2011a, S. 123-134.

Bamberg, E./Ducki, A./Metz, A.-M.: Handlungsbedingungen von Gesundheitsförderung und Gesundheitsmanagement, in: Bamberg, E./Ducki, A./Metz, A.-M. (Hrsg.): Gesundheitsförderung und Gesundheitsmanagement in der Arbeitswelt, Ein Handbuch, Göttingen 2011b, S. 107-122.

BARMER Ersatzkasse (Hrsg.): Gesundheitsreport 2007, Führung und Gesundheit, Wuppertal 2007.

BARMER GEK (Hrsg.): Gesundheitsreport 2010, Teil 2, Berlin 2010.

BAuA (Hrsg.): Arbeitsbedingtheit depressiver Störungen, Tagungsbericht Tb138, Dortmund/Berlin/Dresden 2005.

BAuA (Hrsg.): Psychische Belastung und Beanspruchung im Berufsleben: Erkennen - Gestalten, Bönen/Westfalen 2010.

BAuA/INQA/BKK Bundesverband (Hrsg.): Kein Stress mit dem Stress, Lösungen und Tipps für gesundes Führen im öffentlichen Dienst, Dortmund/Berlin/Essen 2013.

Baumgarten, R.: Führungsstile und Führungstechniken, Berlin 1977.

Berger, G./Kämmer, K./Zimber, A. (Hrsg.): Erfolgsfaktor Gesundheit, Handbuch zum betrieblichen Gesundheitsmanagement: Teil 1: Mitarbeiterorientierte Führung und Organisation, Hannover 2006.

Berger, G./Zimber, A.: Einführung: Betriebliches Gesundheitsmanagement, in: Berger, G./Kämmer, K./Zimber, A. (Hrsg.): Erfolgsfaktor Gesundheit, Handbuch zum betrieblichen Gesundheitsmanagement, Teil 1: Mitarbeiterorientierte Führung und Organisation, Hannover 2006, S. 7-42.

Berninger-Schäfer, E.: Gesundheitskompetenzen für Führungskräfte, Gesundheit, hrsg. von Berg, T./Berninger-Schäfer, E., Stuttgart usw. 2013.

Berthel, J./Becker F. G.: Personal-Management, Grundzüge für Konzeptionen betrieblicher Personalarbeit, 10. Aufl., Stuttgart 2013.

BKK Dachverband e.V. (Hrsg.): BKK Gesundheitsreport 2013, Berlin 2013.

Blake, R. R./McCanse, A. A.: Das GRID-Führungsmodell, Übertragen aus dem Amerikanischen von Ursel Reineke und Christiane Ferdinand-Gonzales, 3. Auflage, Düsseldorf usw. 1995.

Blessin, B./Wick, A.: Führen und Führen lassen, 7. Aufl., Konstanz 2014.

BMAS/BAuA (Hrsg.): Sicherheit und Gesundheit bei der Arbeit 2012, Dortmund/Berlin/Dresden 2014.

BMBF (Hrsg.): Gesundheit und allgemeine Weiterbildung, Beitrag zu einer neuen Perspektive der Gesundheitsförderung, Bonn 1997.

Böcker, M./Schelenz, B.: Personalentwicklung als Kommunikationsaufgabe: Herausforderungen, Lösungsansätze und Praxisbeispiele, Erlangen 2009.

Brandenburg, U./Nieder, P./Susen, B. (Hrsg.): Gesundheitsmanagement im Unternehmen, Grundlagen, Konzepte und Evaluation, Weinheim/München 2000.

Brendt, D./Hühnerbein-Sollmann, C.: Gesundheitsmanagement als Führungsaufgabe: effektive Mittel und effiziente Wege zur betrieblichen Gesundheitsförderung, mit zahlreichen Checklisten und Arbeitsblättern, Renningen 2008.

Brücker, H.: Aspekte des Führungsverhaltens und gesundheitliches Wohlbefinden im sozialen Dienstleistungsbereich, Ergebnisse empirischer Untersuchungen in Krankenhäusern, in: Badura, B./Schröder, H./Vetter, C. (Hrsg.): Fehlzeiten-Report 2008, Betriebliches Gesundheitsmanagement: Kosten und Nutzen, Zahlen, Daten, Analysen aus allen Branchen der Wirtschaft, Heidelberg 2009, S. 43-53.

Buchenau, P. (Hrsg.): Chefsache Gesundheit, Der Führungsratgeber fürs 21. Jahrhundert, Heidelberg 2013.

Busch, C./Roscher, S./Ducki, A./Kalytta, T. (Hrsg.): Stressmanagement für Teams in Service, Gewerbe und Produktion - ein ressourcenorientiertes Trainingsmanual, Heidelberg 2009.

BZgA (Hrsg.): Was erhält Menschen gesund? Antonovskys Modell der Salutogenese - Diskussionsstand und Stellenwert, Forschung und Praxis der Gesundheitsförderung, Bd. 6, Köln 2001.

DAK-Gesundheit (Hrsg.): DAK-Gesundheitsreport 2014, Hamburg 2014.

94

DGUV (Hrsg.): Leitfaden für Betriebsärzte zu psychischen Belastungen und den Folgen in der Arbeitswelt, Berlin 2010.

Ducki, A.: Anforderungen in der Arbeitswelt und ihre Auswirkungen auf die Gesundheit, in: KKH Hannover (Hrsg.): Weißbuch Prävention 2005/2006, Stress? Ursachen, Erklärungsmodelle und präventive Ansätze, Heidelberg 2006, S. 141-147.

Ducki, A.: Führung als Gesundheitsressource, in: Busch, C./Roscher, S./Ducki, A./Kalytta, T. (Hrsg.): Stressmanagement für Teams in Service, Gewerbe und Produktion - ein ressourcenorientiertes Trainingsmanual, Heidelberg 2009a, S. 73-83.

Ducki, A.: Stress- und Ressourcenmanagement, in: Busch, C./Roscher, S./Ducki, A./Kalytta, T. (Hrsg.): Stressmanagement für Teams in Service, Gewerbe und Produktion - ein ressourcenorientiertes Trainingsmanual, Heidelberg 2009b, S. 15-27.

Feßler, R./Guldenschuh-Feßler, B.: Gesunde Führung, Mehr Erfolg durch Mitarbeiterorientierung, Ein Ratgeber zur Entwicklung eines gesundheitsfördernden Führungsstils, Norderstedt 2013.

Franke, F./Felfe, J.: Diagnose gesundheitsförderlicher Führung - Das Instrument „Health-oriented Leadership", in: Badura, B./Ducki, A./Schröder, H./Klose, J./Macco, K. (Hrsg.): Fehlzeiten-Report 2011, Führung und Gesundheit, Zahlen, Daten, Analysen aus allen Branchen der Wirtschaft, Heidelberg 2011, S. 3-13.

Franke, F./Vincent, S./Felfe, J.: Gesundheitsbezogene Führung, in: Bamberg, E./Ducki, A./Metz, A.-M. (Hrsg.): Gesundheitsförderung und Gesundheitsmanagement in der Arbeitswelt, Ein Handbuch, Göttingen 2011, S. 371-391.

Goleman, D./Boyatzis, R./McKee, A.: Emotionale Führung, Aus dem Amerikanischen von Ulrike Zehetmayr, München 2002.

Goleman, D.: Emotionale Intelligenz - zum Führen unerlässlich, in: Harvard Business Manager, 3/1999, S. 27-36.

Grashaußer, K.: Gesunde Führung als Voraussetzung für gesunde Mitarbeiter, München 2013.

Gregersen, S./Kuhnert, S./Zimber, A./Nienhaus, A.: Führungsverhalten und Gesundheit - Zum Stand der Forschung, in: Das Gesundheitswesen, 73. Jg., 1/2011, S. 3-12.

Gregersen, S./Vincent-Höper, S./Nienhaus, A.: Führung und Gesundheit – Welchen Einfluss haben Führungskräfte auf die Gesundheit der Mitarbeiter?, in: Österreichisches Forum Arbeitsmedizin, 01/2013, S. 28-39.

Greiner, B./Ducki, A.: Gesundheit als Prozeß, Welche Rolle spielt die Arbeit?, in: Verhaltenstherapie und psychosoziale Praxis, 23. Jg., 3/1991, S. 305-320.

Grote, S. (Hrsg.): Die Zukunft der Führung, Berlin 2012.

Grubendorfer, C.: Leadership Branding, Wie Sie Führung wirksam und Ihr Unternehmen zu einer starken Marke machen, Wiesbaden 2012.

Herbig, A. F.: Führungskonzepte und -theorien: Grundlagen professioneller Mitarbeiterführung, Kompaktwissen Kommunikations- und Führungstechnik, hrsg. von Herbig, A. F., Bd. 2, Norderstedt 2011.

Hölscher, S./Armbrüster, C. (Hrsg.): Gesundheit braucht Führung, Stuttgart 2013.

Hölscher, S.: Umgang mit psychisch erkrankten Mitarbeitern, in: Hölscher, S./Armbrüster, C. (Hrsg.): Gesundheit braucht Führung, Stuttgart 2013, S. 55-74.

Holst, E./Busch, A./Kröger L.: Führungskräfte-Monitor 2012, Update 2001 - 2010, in: DIW Berlin - Politikberatung kompakt 65, Berlin 2012.

Holz, M.: Soziale Belastungen und soziale Ressourcen in Beziehungen mit Vorgesetzten, Kollegen und Kunden, in: Leidig, S./Limbacher, K./Zielke, M. (Hrsg.): Stress im Erwerbsleben: Perspektiven eines integrativen Gesundheitsmanagements, Lengerich 2006, S. 104-118.

Holzträger, D.: Gesundheitsförderliche Mitarbeiterführung, Gestaltung von Maßnahmen der Betrieblichen Gesundheitsförderung für Führungskräfte, München/Mering 2012.

Homma, N./Bauschke, R.: Unternehmenskultur und Führung, Den Wandel gestalten - Methoden, Prozesse, Tools, Wiesbaden 2010.

Hurrelmann, K.: Sozialisation und Gesundheit, Somatische, psychische und soziale Risikofaktoren im Lebenslauf, 3. Aufl., München 1994.

INQA (Hrsg.): Gute Mitarbeiterführung - Psychische Fehlbelastungen vermeiden, Bremerhaven 2008.

Jung, H.: Personalwirtschaft, 9. Aufl., Oldenburg 2011.

Junghans, G./Morschhäuser, M./BAuA (Hrsg.): Immer schneller, immer mehr, Wiesbaden 2013.

Kastner, M. (Hrsg.): Leistungs- und Gesundheitsmanagement - psychische Belastungen und Altern, inhaltliche und ökonomische Evaluation, Lengerich 2010.

Kastner, M.: Individuelle und organisationale Resilienz als Komponente eines ganzheitlichen Leistungs- und Gesundheitsmanagements, in: Kastner, M. (Hrsg.): Leistungs- und Gesundheitsmanagement - psychische Belastungen und Altern, inhaltliche und ökonomische Evaluation, Lengerich 2010, S. 324-337.

Kern, A./Vosseler, B.: Betriebliches Gesundheitsmanagement ist Führungsaufgabe und Erfolgsfaktor, in: Buchenau, P. (Hrsg.): Chefsache Gesundheit, Der Führungsratgeber fürs 21. Jahrhundert, Heidelberg 2013, S. 135-154.

Kissel, A./Hubert-Metz, B.: Gesunde Unternehmen haben gesunde Mitarbeiter, in: Wissensmanagement, 5/2013, S. 44-46.

KKH Hannover (Hrsg.): Weißbuch Prävention 2005/2006. Stress? Ursachen, Erklärungsmodelle und präventive Ansätze, Heidelberg 2006.

Kloimüller, I.: Wertschöpfung durch Wertschätzung, in: Hernsteiner, 02/2013, S. 12-13.

Knischek, S.: Lebensweisheiten berühmter Philosophen, 4.000 Zitate von Aristoteles bis Wittgenstein, 8. Aufl., Hannover 2009.

Kolb, M: Personalmanagement: Grundlagen und Praxis des Human Resources Managements, 2. Aufl., Wiesbaden 2010.

Kollmer, N.: Arbeitsschutzgesetz und -verordnungen: Ein Leitfaden für die betriebliche Praxis, 3. Aufl., München 2008.

Kromm, W./Frank, G. (Hrsg.): Die Neue Führungskunst, Unternehmensressource Gesundheit, Weshalb die Folgen schlechter Führung kein Arzt heilen kann, Düsseldorf 2009.

Kromm, W./Frank, G./Gadinger, M.: Sich tot arbeiten – und dabei gesund bleiben, in: Kromm, W./Frank, G. (Hrsg.): Die Neue Führungskunst, Unternehmensressource Gesundheit, Weshalb die Folgen schlechter Führung kein Arzt heilen kann, Düsseldorf 2009, S. 27-51.

Kuoppala, J./Lamminpää, A./Liira, J./Vainio, H.: Leadership, job well-being and health effects - A systematic review and a meta analysis, in: Journal of Occupational and Environmental Medicin, 50. Jg., 8/2008, S. 904-915.

Leidig, S./Limbacher, K./Zielke, M. (Hrsg.): Stress im Erwerbsleben: Perspektiven eines integrativen Gesundheitsmanagements, Lengerich 2006.

Linde, B. von der/Leyde, A. von der: Psychologie der Führungskräfte, hrsg. von Meifert, M. T. (Hrsg.): Psychologie für Führungskräfte, Freiburg 2010.

Lindinger, C./Zeisel, N.: Spitzenleistung durch Leadership, Die Bausteine ergebnis- und mitarbeiterorientierter Führung, Wiesbaden 2013.

Linneweh, K./Hofmann, L. M.: Persönlichkeitsmanagement, in: Rosenstiel, L. von/Regnet, E./Domsch, M. E. (Hrsg.): Führung von Mitarbeitern, Handbuch für erfolgreiches Personalmanagement, 6. Aufl., Stuttgart 2009, S. 71-80.

Lohmann-Haislah, A.: Stressreport Deutschland 2012, Psychische Anforderungen, Ressourcen und Wohlbefinden, hrsg. von BAuA, Dortmund/Berlin/Dresden 2012.

Lohmer, M./Sprenger, B./Wahlert, J. von: Gesundes Führen, Life-Balance versus Burnout im Unternehmen, Stuttgart 2012.

Lümkemann, D./Glaw, C.: Vattenfall Europe - Gesundheit als wichtige Führungsaufgabe, in: Böcker, M./Schelenz, B.: Personalentwicklung als Kommunikationsaufgabe: Herausforderungen, Lösungsansätze und Praxisbeispiele, Erlangen 2009, S. 93-102.

Matyssek, A. K.: Chefsache: Gesundes Team - gesunde Bilanz, Ein Leitfaden zur gesundheitsgerechten Mitarbeiterführung, Wiesbaden 2003.

Matyssek, A. K.: Führung und Gesundheit - Ein praktischer Ratgeber zur Förderung der psychosozialen Gesundheit im Betrieb, 2. Aufl., Norderstedt 2010a.

Matyssek, A. K.: Gesund Führen, Das Handbuch für schwierige Situationen, Norderstedt 2010b.

Netta, F.: Gesunde Mitarbeiter - gesunde Bilanz, in: Kromm, W./Frank, G. (Hrsg.): Die Neue Führungskunst, Unternehmensressource Gesundheit, Weshalb die Folgen schlechter Führung kein Arzt heilen kann, Düsseldorf 2009, S. 71-89.

Neufeld, T.: Führung und Gesundheit - Betriebliches Gesundheitsmanagement aus rechtlicher Sicht, in: Badura, B./Ducki, A./Schröder, H./Klose, J./Macco, K. (Hrsg.): Fehlzeiten-Report 2011, Führung und Gesundheit, Zahlen, Daten, Analysen aus allen Branchen der Wirtschaft, Heidelberg 2011, S. 103-110.

Nieder, P.: Führung und Gesundheit - Die Rolle der Vorgesetzten im Gesundheitsmanagement, in: Brandenburg, U./Nieder, P./Susen, B. (Hrsg.): Gesundheitsmanagement im Unternehmen, Grundlagen, Konzepte und Evaluation, Weinheim/München 2000, S. 149-161.

Nowoczin, J.: Kollegiale Beratung in der Führungspraxis, DGFP-Praxis Edition, hrsg. von DGFP e.V., Bd. 104, Bielefeld 2012.

Nyberg, A./Bernin, P./Theorell, T.: The impact of leadership on the health of subordinates, hrsg. von National Institute for Working Life and authors, Stockholm 2005.

Oppolzer, A.: Gesundheitsmanagement im Betrieb, Integration und Koordination menschengerechter Gestaltung der Arbeit, Hamburg 2010.

Orthmann, R./Gunkel, L./Otte, R.: Ressourcen als Schlüssel für Führung und Gesundheit im Betrieb, in: Badura, B./Ducki, A./Schröder, H./Klose, J./Macco, K. (Hrsg.): Fehlzeiten-Report 2011, Führung und Gesundheit, Zahlen, Daten, Analysen aus allen Branchen der Wirtschaft, Heidelberg 2011, S. 135-146.

Ostermann, D.: Gesundheitscoaching, Integrative Modelle in Psychotherapie, Supervision und Beratung, Wiesbaden 2010.

Pangert, B./Schüpbach, H.: Arbeitsbedingungen und Gesundheit von Führungskräften auf mittlerer und unterer Hierarchieebene, in: Badura, B./Ducki, A./Schröder, H./Klose, J./Macco, K. (Hrsg.): Fehlzeiten-Report 2011, Führung und Gesundheit, Zahlen, Daten, Analysen aus allen Branchen der Wirtschaft, Heidelberg 2011, S. 70-79.

Pangert, B.: Prädiktoren gesundheitsförderlichen Führungshandelns, Freiburg 2011.

Parsons, T.: The social system, Glencoe 1951.

Pines, A./Arsonson, A./Kafrey, D.: Ausgebrannt: Vom Überdruß zur Selbstentfaltung, 10. Aufl., Stuttgart 2006.

Rauen, C. (Hrsg.): Handbuch Coaching, 3. Aufl., Göttingen 2005.

Regele, D./Regele W.: Gesundes Führen? Aber wie? Eine Einladung zum (lang fälligen) Paradigmenwechsel, in: Hernsteiner, 2/2013, S. 9-11.

Riechert, I.: Psychische Störungen bei Mitarbeitern, Ein Leitfaden für Führungskräfte und Personalverantwortliche - von der Prävention bis zur Wiedereingliederung, Mit 36 Abbildungen und Tabellen, Heidelberg 2011.

Roschker, N. S.: Psychische Gesundheit in der Arbeitswelt, Soziale und ökonomische Relevanz für Gesellschaft und Unternehmen, Wiesbaden 2014.

Rosenstiel, L. von/Regnet, E./Domsch, M. E. (Hrsg.): Führung von Mitarbeitern, Handbuch für erfolgreiches Personalmanagement, 6. Aufl., Stuttgart 2009.

Rosenstiel, L. von: Grundlagen der Führung, in: Rosenstiel, L. von/Regnet, E./Domsch, M. E. (Hrsg.): Führung von Mitarbeitern, Handbuch für erfolgreiches Personalmanagement, 6. Aufl., Stuttgart 2009, S. 3-27.

Rudow, B.: Das Gesunde Unternehmen. Gesundheitsmanagement, Arbeitsschutz und Personalpflege in Organisationen, München 2004.

Rudow, B.: Die gesunde Arbeit, Arbeitsgestaltung, Arbeitsorganisation und Personalführung, 2. Aufl., München 2011.

Schmidhuber, M.: Der Prozess personaler Identitätsbildung und die Rolle von Institutionen, Eine philosophisch-anthropologische Untersuchung, Philosophie, Bd. 82, Wien 2011.

Schmidt, A./Wilkens, U.: Betriebliches Gesundheitsmanagement im Aufgabenfeld von Führungskräften, in: Rosenstiel, L. von/Regnet, E./Domsch, M. E. (Hrsg.): Führung von Mitarbeitern, Handbuch für erfolgreiches Personalmanagement, 6. Aufl., Stuttgart 2009, S. 590-600.

Scholz, C.: Personalmanagement, Informationsorientierte und verhaltenstheoretische Grundlagen, 6. Aufl., München 2014.

Schweickhardt, A.: Eine Frage der Führung, in: Personalmagazin - Management, Recht und Organisation, 11/2010, S. 32-34.

Sebald, H./Enneking, A.: Was Mitarbeiter bewegt, in: Personal, 58. Jg., 5/2006, S. 40-42.

Semmer, N./Mohr, G.: Arbeit und Gesundheit: Konzepte und Ergebnisse der arbeitspsychologischen Stressforschung, in: Psychologische Rundschau, 52. Jg., 3/2001, S. 150-158.

Siegrist, J./Rödel, A.: Chronischer Distress im Erwerbsleben und depressive Störungen: epidemiologische und psychobiologische Erkenntnisse und ihre Bedeutung für die Prävention, in: BAuA (Hrsg.): Arbeitsbedingtheit depressiver Störungen, Tagungsbericht Tb138, Dortmund/Berlin/Dresden 2005, S. 27-37.

Siegrist, J.: Arbeitsbedingte Gesundheitsgefahren: Die Bedeutung neuer wissenschaftlicher Erkenntnisse für die betriebliche Gesundheitsförderung, Abschlussbericht der Arbeitsgruppe 2 der Expertenkommission „Betriebliche Gesundheitspolitik", hrsg. von Bertelsmann Stiftung/Hans-Böckler-Stiftung, Düsseldorf 2003.

Siegrist, J.: Soziale Krisen und Gesundheit, Eine Theorie der Gesundheitsförderung am Beispiel von Herz-Kreislauf-Risiken im Erwerbsleben, Reihe Gesundheitspsychologie, hrsg. von Krohne, H. W./Schmidt, L./Netter, P./Schwarzer R., Bd. 5, Göttingen 1996.

Skakon, J./Nielsen, K./Borg, V./Guzman, J.: Are leaders' wellbeing, behaviors and style associated with the affective well-being of their employees? A systematic review of three decades of research, in: Work & Stress, 24. Jg., 2/2010, S. 107-139.

Spieß, E./Stadler, P.: Gesundheitsförderliches Führen - Defizite erkennen und Fehlbelastungen der Mitarbeiter reduzieren, in: Weber, A./Hörmann, G. (Hrsg.): Psychosoziale Gesundheit im Beruf: Mensch, Arbeitswelt, Gesellschaft, Stuttgart 2007, S. 255-267.

Sprenger, B.: Die praktische Umsetzung im Unternehmen, in: Lohmer, M./Sprenger, B./Wahlert, J. von: Gesundes Führen, Life-Balance versus Burnout im Unternehmen, Stuttgart 2012, S. 128-137.

Sprenger, B.: Stress, Stressverarbeitung und Burnout-Prophylaxe, in: Lohmer, M./Sprenger, B./Wahlert, J. von: Gesundes Führen, Life-Balance versus Burnout im Unternehmen, Stuttgart 2012, S. 7-17.

Sprenger, B.: Vom Kontorversteher zum Teamkoordinator, Was muss eine Führungskraft heute können?, in: Lohmer, M./Sprenger, B./Wahlert, J. von: Gesundes Führen, Life-Balance versus Burnout im Unternehmen, Stuttgart 2012, S. 49-59.

Stadler, P./Spieß, E.: Mitarbeiterorientiertes Führen und soziale Unterstützung am Arbeitsplatz, hrsg. von BAuA, Dortmund/Berlin/Dresden 2002.

Staehle, W. H.: Management, Eine verhaltenswissenschaftliche Perspektive, München 1999.

Steinke, M./Badura, B.: Präsentismus, Ein Review zum Stand der Forschung, hrsg. von BAuA, Dortmund/Berlin/Dresden 2011.

Stilijanow, U./Bock, P.: Keine Zeit für gesunde Führung? Befunde und Perspektiven aus der Forschung und Beratungspraxis, in: Junghans, G./Morschhäuser, M./BAuA (Hrsg.): Immer schneller, immer mehr, Wiesbaden 2013, S. 145-164.

Stöpel, F.: "Gesund führen" heißt Sinn vermitteln, in: Wirtschaft und Weiterbildung, 2/2014, S. 36-40.

Thomas, A./Kinast, E.-U./Schroll-Machl, S. (Hrsg.): Handbuch Interkulturelle Kommunikation und Kooperation, Grundlagen und Praxisfelder, Bd. 1, 2. Aufl., Göttingen 2005.

Thomas, A.: Theoretische Grundlagen interkultureller Kommunikation und Kooperation, Kultur und Kulturstandards, in: Thomas, A./Kinast, E.-U./Schroll-Machl, S. (Hrsg.): Handbuch Interkulturelle Kommunikation und Kooperation, Grundlagen und Praxisfelder, Bd. 1, 2. Aufl., Göttingen 2005, S. 19-31.

Tietze, K.-O.: Kollegiale Beratung, Problemlösungen gemeinsam entwickeln, Miteinander reden, Praxis, hrsg. von Friedemann Schulz von Thun, Reinbek 2010.

Uhle, T./Treier, M.: Betriebliches Gesundheitsmanagement. Gesundheitsförderung in der Arbeitswelt - Mitarbeiter einbinden, Prozesse gestalten, Erfolge messen, 2. Aufl., Heidelberg 2013.

UK PT (Hrsg.): Psychisch auffällige oder erkrankte Mitarbeiter, Handlungsleitfaden für Führungskräfte, Tübingen 2013.

Ulich, E./Wülser, M.: Gesundheitsmanagement im Unternehmen, Arbeitspsychologische Perspektiven, 5. Aufl., Wiesbaden 2012.

Vincent, S.: Gesundheits- und entwicklungsförderliches Führungsverhalten: ein Analyseinstrument, in: Badura, B./Ducki, A./Schröder, H./Klose, J./Macco, K. (Hrsg.): Fehlzeiten-Report 2011, Führung und Gesundheit, Zahlen, Daten, Analysen aus allen Branchen der Wirtschaft, Heidelberg 2011, S. 49-60.

Vincent-Höper, S.: Gesund und erfolgreich Führen, Informationen für Führungskräfte, hrsg. von VBG Hamburg 2013.

Wahlert, J. von: Gesundheit als Chefsache, Die Perspektive des Unternehmens, in: Lohmer, M./Sprenger, B./Wahlert, J. von: Gesundes Führen, Life-Balance versus Burnout im Unternehmen, Stuttgart 2012, S. 18-31.

Walter, H.: Handbuch Führung, Der Werkzeugkasten für Vorgesetzte, 3. Aufl., Frankfurt/Main 2005.

Watzlawick, P./Beavin, J. H./Jackson, D. D.: Menschliche Kommunikation, 11. Aufl., Bern usw. 2007.

Weber, A./Hörmann, G. (Hrsg.): Psychosoziale Gesundheit im Beruf: Mensch, Arbeitswelt, Gesellschaft, Stuttgart 2007.

Wegerich, C.: Strategische Personalentwicklung in der Praxis: Instrumente, Erfolgsmodelle, Checklisten, Weinheim 2007.

WHO: Constitution of the World Health Organization, New York 1946.

WHO: Ottawa-Charta zur Gesundheitsförderung, Ottawa 1986.

Wieland, R./Scherrer, K.: BARMER Gesundheitsreport 2007, Wuppertal 2007.

Wieland, R./Winizuk, S./Hammes, M.: Führung und Arbeitsgestaltung. Warum gute Führung allein nicht gesund macht, in: Arbeit - Zeitschrift für Arbeitsforschung, Arbeitsgestaltung und Arbeitspolitik, 4/2009, S. 282-297.

Wilde, B./Hinrichs, S./Bahamondes Pavez, C./Schüpbach, H.: Führungskräfte und ihre Verantwortung für die Gesundheit ihrer Mitarbeiter - Eine empirische Untersuchung zu den Bedingungsfaktoren gesundheitsförderlichen Führens, in: Wirtschaftspsychologie, 11. Jg., 2/2009, S. 74-89.

Wunderer, R.: Führung und Zusammenarbeit, Eine unternehmerische Führungslehre, 9. Aufl., Köln 2011.

Zimber, A./Gregersen, S.: „Gesundheitsfördernd Führen": eine Pilotstudie in ausgewählten BGW-Mitgliedsbetrieben, hrsg. von BGW, Hamburg 2007.

Zimber, A./Gregersen, S.: BGW-Projekt „Führung und Gesundheit", Wie Führungskräfte zur Mitarbeitergesundheit beitragen können: Eine Pilotstudie in ausgewählten BGW-Mitgliedsbetrieben, 1. Teilprojekt: Literaturüberblick, hrsg. von BGW, Hamburg 2006.

Internetquellen/Elektronische Quellen

BARMER GEK: Führung und Gesundheit, https://firmenangebote.barmer-gek.de/barmer/web/Portale/Firmenangebote/Gesundheitsangebote-fuer-Beschaeftigte/Seminare-Workshop/Seminarkalender/Fuehrung-und-Gesundheit/Fuehrung-und-Gesundheit.html [Stand: 12.06.2014].

Bertelsmann Stiftung: Gesundheit, Führung und Resilienz, 2012, http://www.bertelsmann-stiftung.de/cps/rde/xbcr/SID-5291CAA4-E1056019/bst/xcms_bst_dms_38702_38703_2.pdf [Stand: 12.05.2014].

BPtK (Hrsg.): Fast jede zweite neue Frührente psychisch bedingt, 2014, http://www.bptk.de/aktuell/einzelseite/artikel/fast-jede-zw.html [Stand: 20.03.2014].

Bruch, H./Kowalevski, S.: Gesunde Führung, Wie Unternehmen eine gesunde Performancekultur entwickeln, hrsg. von Universität St. Gallen, 2013, http://www.topjob.de/upload/presse/hintergrund/TJ_13_Studie_GesundeFuehrung.pdf [Stand: 28.07.2014].

DBVC: Definition Coaching, http://www.dbvc.de/der-verband/ueber-uns/definition-coaching.html [Stand: 17.07.2014].

Europäisches Netzwerk für Betriebliche Gesundheitsförderung (Hrsg.): Luxemburger Deklaration, 2007, http://www.luxemburger-deklaration.de/fileadmin/rs-dokumente/dateien/LuxDekl/Luxemburger_Deklaration_09-12.pdf [Stand: 10.04.2014].

Jonas, P.: Erste Studie zur Zusammenarbeit von Krankenkassen und Unternehmen im Gesundheitsmanagement, 18.03.2013, http://www.corporate-health-award.de/infocenter/newsletter/news-single/article/erste-studie-zur-zusammenarbeit-von-krankenkassen-und-unternehmen-im-gesundheitsmanagement.html [Stand: 20.06.2014].

McKinsey & Company: Deutschland 2020, Zukunftsperspektiven für die deutsche Wirtschaft, 2008, http://www.erfahrung-deutschland.de/uploads/cms/elfinder/PDF/pdf_10.pdf [Stand: 25.04.2014].

Statistisches Bundesamt: Gesundheitswesen: 26,7 Milliarden Euro durch psychische Erkrankungen, 2009, https://www.destatis.de/DE/PresseService/Presse/Pressemitteilungen/zdw/2009/PD09_010_p002.html [Stand: 24.04.2014].

Teuber, S.: Kollegiale Beratung, 12.03.2013, http://www.bgm-report.de/fuhrung-und-unternehmenskultur/kollegiale-beratung [Stand: 23.06.2014].

Richtlinien

Richtlinie 89/391/EWG des Rates vom 12. Juni 1989 über die Durchführung von Maßnahmen zur Verbesserung der Sicherheit und des Gesundheitsschutzes der Arbeitnehmer bei der Arbeit, Amtsblatt Nr. L 183, S. 0001-000

Anhangsverzeichnis

Anhang 1: Qualitäten von Gesundheit

Quelle: Eigene Darstellung in Anlehnung an Rudow (2011), S. 37.

Anhang 2: Mittlere Falldauer der häufigsten Krankheitsarten

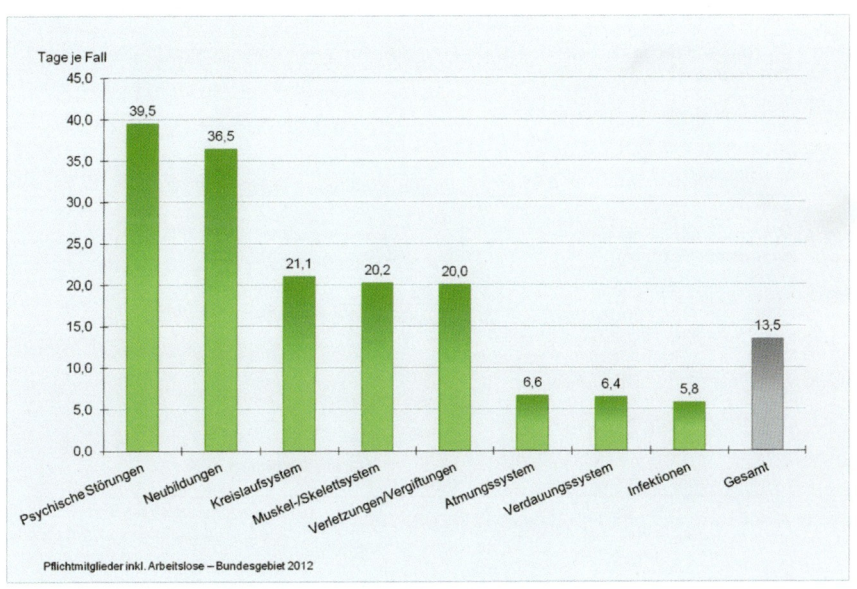

Quelle: In Anlehnung an BKK Dachverband e. V. (2013), S. 20.

Anhang 3: Arbeitsunfähigkeit nach Krankheitsarten - Trends

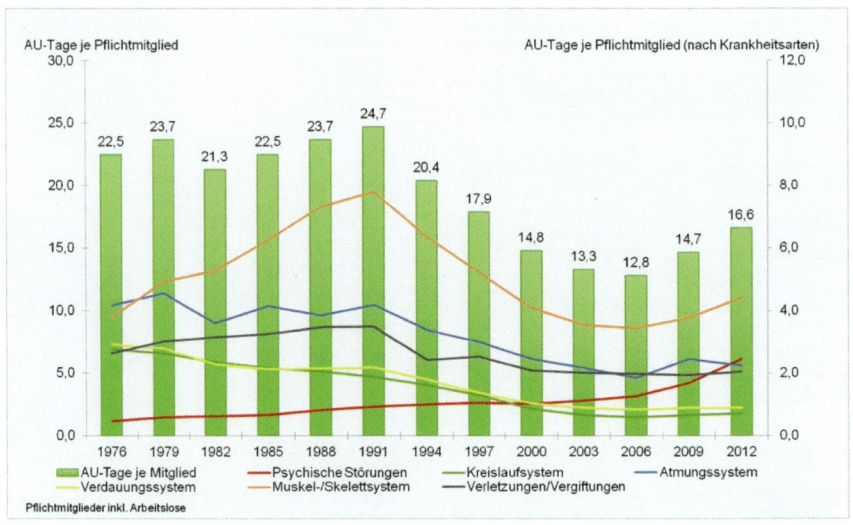

Quelle: In Anlehnung an BKK Dachverband e. V. (2013), S. 21.

Anhang 4: Verhaltensweise im Krankheitsfall: Absentismus und Präsentismus in Deutschland im Jahr 2012

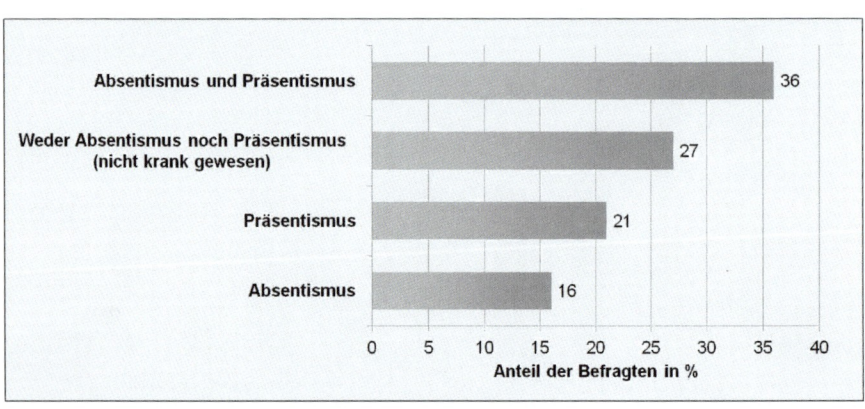

Quelle: In Anlehnung an Lohmann-Haislah (2012), S. 136.

Anhang 5: Die drei Säulen des Betrieblichen Gesundheitsmanagements

Gesundheitsmanagement im Betrieb
Öffentlich-rechtliche Verpflichtungen, Führungs- und Unternehmensleitlinien, Unternehmenskultur, Anforderungen der Share- bzw. Stakeholder, Erwartungen in- und externer Kunden — *normative Ebene*

Arbeitssicherheit und Gesundheitsschutz
Ziel: Sicherung und Verbesserung von Gesundheitsschutz durch Maßnahmen des Arbeitsschutzes zur Verhütung von arbeitsbedingten Gesundheitsgefahren Umsetzung von Gesetzen/Verordnungen
Zuständigkeiten: Arbeitgeber/Führungskräfte, Sicherheitsbeauftragte, Betriebsarzt, Betriebsrat (Überwachung, Mitwirkung, Mitbestimmung), Beschäftigte, Strategische Partnerschaften mit externen Stellen

Betriebliche Gesundheitsförderung
Ziel: Sicherung und Verbesserung der Gesundheit durch Stärkung von Ressourcen (Person) und Minderung von Risiken (Betrieb) Programme zur Förderung von Gesundheit und Leistungsfähigkeit über die Pflichten zur Verhütung von Arbeitsunfällen und arbeitsbedingten Gesundheitserfahrungen hinaus Verhaltens- und Verhältnisprävention
Grundlage: Ottawa-Charta WHO, § 20 SGB V

Integriertes Management
Ziel: Einbettung von Gesundheit und Leistung als Querschnittsaufgabe in alle Managementfunktionen: Personalplanung Personalentwicklung Personalcontrolling Personalführung Mitarbeiterbeurteilung Vorgesetztenbeurteilung Betriebliche Sozialberatung — *strategische Ebene*

Gefährdungsbeurteilung und Maßnahmen des Gesundheitsschutzes, Wirksamkeitsüberprüfung, Dokumentation der Ergebnisse, Arbeitsschutzmanagement, Ergonomie, Kooperation aller Beteiligten (z.B. Arbeitsschutzausschuss, Betriebsrat) Betriebsvereinbarungen zum Arbeitsschutz, Betriebliches Eingliederungsmanagement

Gesundheitsförderung durch Organisationsentwicklung: Arbeitskreis Gesundheit, Gesundheitszirkel, Gesundheitsbericht, Sport, Bewegung, Entspannung, Ernährung, Arbeitsorganisation, Konfliktmanagement, Führungsverhalten, Zufriedenheit und Persönlichkeitsförderung

Fehlzeitenberichte (Statistik), Anwesenheitsmanagement, Mitarbeitergespräche, Jährliche Mitarbeitergespräche, Krankenrückkehrgespräche, Teamentwicklung, Führungskräftecoaching, Sekundäre Individualprävention, Berufliche Rehabilitation, Drogen-, Schuldner-, Partner- und Familienberatung — *operative Ebene*

Quelle: In Anlehnung an Oppolzer (2010), S. 31.

Anhang 6: Arbeitsunfähigkeit nach Alter und Geschlecht

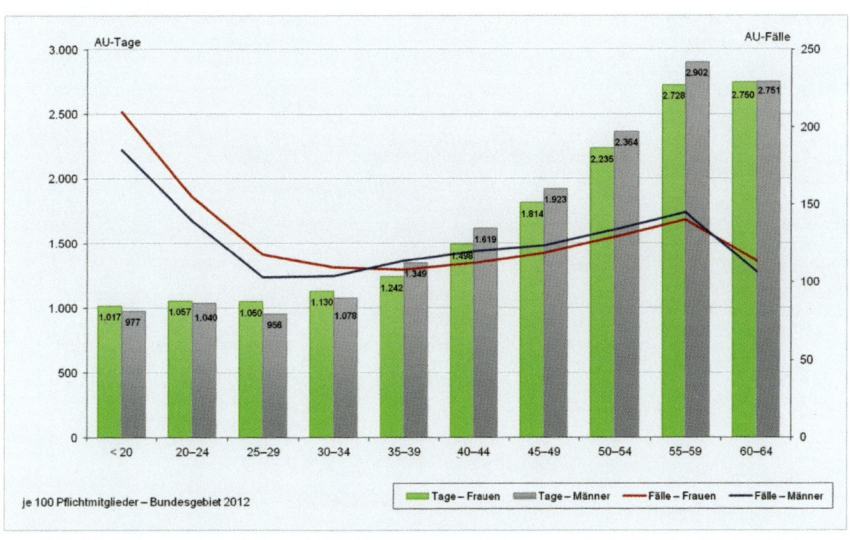

Quelle: In Anlehnung an BKK Dachverband (2013), S. 87.

Anhang 7: Ergebnisse der Literatursuche von Gregersen et al.

untersuchter Einflussfaktor	untersucht in	Besteht ein statistischer Zusammenhang?	untersuchte Merkmale/ Wirkung
Risikofaktoren/Stressoren (gesundheitsbeeinträchtigend)			
soziale Stressoren (bedingt durch Vorgesetztenverhalten)/ Unzureichendes Konfliktmanagement	4 Publikationen	ja, in allen Studien	negative Wirkung auf Anwesenheit beziehungsweise Krankenstand, Arbeitszufriedenheit, psychische Gesundheit
Ressourcen (gesundheitsförderlich)			
Mitbestimmungs- und Beteiligungsmöglichkeiten/ Anerkennung und Wertschätzung/ Gerechtigkeit / Kommunikationsmöglich-keiten/Soziale Unterstützung durch Vorgesetzte	22 Publikationen	ja, außer einer	positive Wirkung auf Anwesenheit beziehungsweise Krankenstand, psychische und physische Gesundheit, Arbeitsfähigkeit, Burnout, Arbeitszufriedenheit
Konzept der transformationalen, transaktionalen und Laissez-faire-Führung			
Transformationale Führung	12 Publikationen	ja, in allen Studien	positive Wirkung auf psychische Gesundheit beziehungsweise Befindensbeeinträchtigungen, Arbeitszufriedenheit
Transaktionale Führung - leistungsorientierte Belohnung	8 Publikationen	ja, außer einer	positive Wirkung auf Stress bzw. Burnout und Arbeitszufriedenheit
- Kontrolle (aktiv und im Ausnahmefall)	s.o.	s.o.	negative Wirkung auf Stress
Laissez-faire-Führung	5 Publikationen	ja, außer einer	negative Wirkung auf Stress
Konzept der Aufgaben-/Mitarbeiterorientierung			
Mitarbeiterorientierung (MO) und Aufgabenorientierung (AO)	8 Publikationen	ja, in allen Studien Ausnahme: Aufgabeorientierung bei zwei Studien	positive Wirkung von MO auf Arbeitszufriedenheit, Stress, Burnout und Fehlzeiten negative Wirkung von hoher AO gekoppelt mit geringer MO auf gesundheitliche Beschwerden (z.B. Burnout)

sonstige Aspekte von Führung (Zusammengefasst Zufriedenheit mit Führung (F))			
Zufriedenheit mit der Führung/ Supervisor's Attitude (Einstellung von Führungskräften)/ Vorgesetzen und Führungsverhalten allgemein/Kommunikation und Beziehung/Beziehung zum Vorgesetzten	13 Publikationen	ja, außer einer	geringe Zufriedenheit mit F: negative Wirkung auf Ängstlichkeit, Depression und Stress hohe Zufriedenheit mit F: positive Wirkung auf psychisches Wohlbefinden, Arbeitsfähigkeit

Quelle: In Anlehnung an Gregersen et al. (2011), S. 6 f.

Anhang 8: Verhaltensgitter nach Blake/Mouton

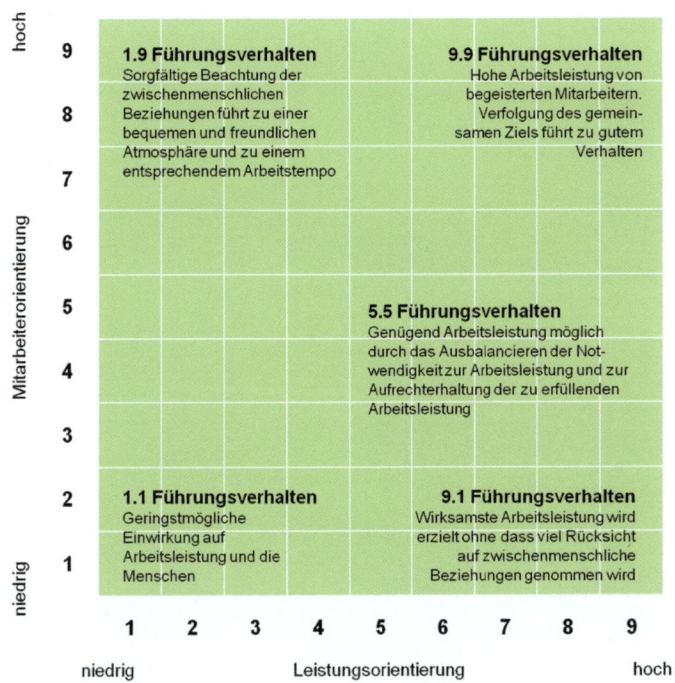

Quelle: In Anlehnung an Blake/McCanse (1995), S. 51.

Anhang 9: Anforderungen aus Arbeitsinhalt und -organisation und daraus resultierende Belastung

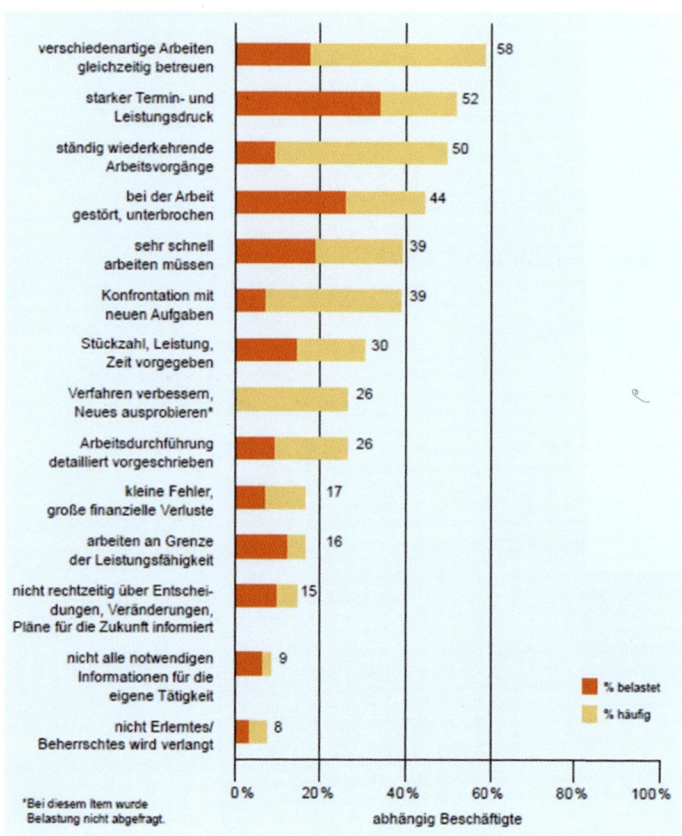

Quelle: Lohmann-Haislah (2012), S. 35; n=17.562.

Anhang 10: Betriebliche Indikatoren für hohe Belastungen

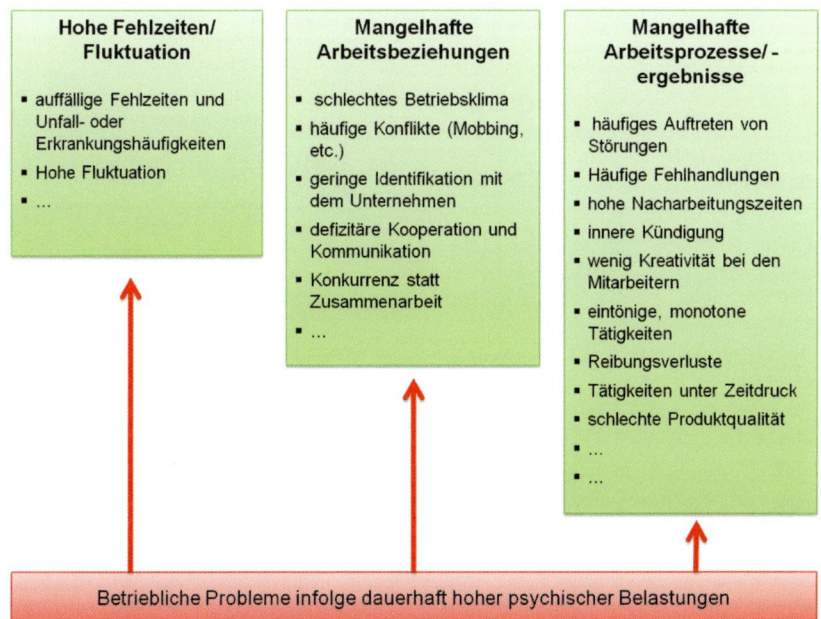

Hohe Fehlzeiten/ Fluktuation	Mangelhafte Arbeitsbeziehungen	Mangelhafte Arbeitsprozesse/ -ergebnisse
▪ auffällige Fehlzeiten und Unfall- oder Erkrankungshäufigkeiten ▪ Hohe Fluktuation ▪ ...	▪ schlechtes Betriebsklima ▪ häufige Konflikte (Mobbing, etc.) ▪ geringe Identifikation mit dem Unternehmen ▪ defizitäre Kooperation und Kommunikation ▪ Konkurrenz statt Zusammenarbeit ▪ ...	▪ häufiges Auftreten von Störungen ▪ Häufige Fehlhandlungen ▪ hohe Nacharbeitungszeiten ▪ innere Kündigung ▪ wenig Kreativität bei den Mitarbeitern ▪ eintönige, monotone Tätigkeiten ▪ Reibungsverluste ▪ Tätigkeiten unter Zeitdruck ▪ schlechte Produktqualität ▪ ... ▪ ...

Betriebliche Probleme infolge dauerhaft hoher psychischer Belastungen

Quelle: In Anlehnung an Stadler/Spieß (2002), S. 12.

Anhang 11: Anforderung aus Arbeitsinhalt, -organisation (% häufig), Position und Geschlecht

	Führungskraft			Mitarbeiter/in			ge-samt
	m	w	ge-samt	m	w	ge-samt	
verschiedenartige Arbeiten gleichzeitig betreuen	69	73	70	49	57	53	58
starker Termin- und Leistungsdruck	62	60	61	50	45	47	52
ständig wiederkehrende Arbeitsvorgänge	42	51	46	46	57	52	50
bei der Arbeit gestört, unterbrochen	53	59	55	35	43	39	44
Konfrontation mit neuen Aufgaben	49	38	45	40	32	36	39
sehr schnell arbeiten müssen	42	47	44	33	40	37	39
Stückzahl, Leistung, Zeit vorgegeben	33	28	31	32	28	30	30
Verfahren verbessern, Neues ausprobieren	34	32	33	25	22	23	26
Arbeitsdurchführung detailliert vorgeschrieben	24	23	24	28	27	28	26
kleine Fehler, große finanzielle Verluste	24	12	20	20	10	15	17
arbeiten an Grenze der Leistungsfähigkeit	20	20	20	14	15	14	16
nicht rechtzeitig über Entscheidungen/ Veränderungen/ Pläne informiert	14	13	14	17	13	15	15
nicht alle notwendigen Informationen für die eigene Tätigkeit	9	8	8	10	7	9	9
nicht Erlerntes/Beherrschtes wird verlangt	11	8	10	7	6	7	8
n	3524	2060	5584	5922	6021	11944	

Quelle: In Anlehnung an Lohmann-Haislah (2012), S. 42.

Anhang 12: Ausgewählte häufige Anforderungen und Anzahl der Beschwerden bei Führungskräften

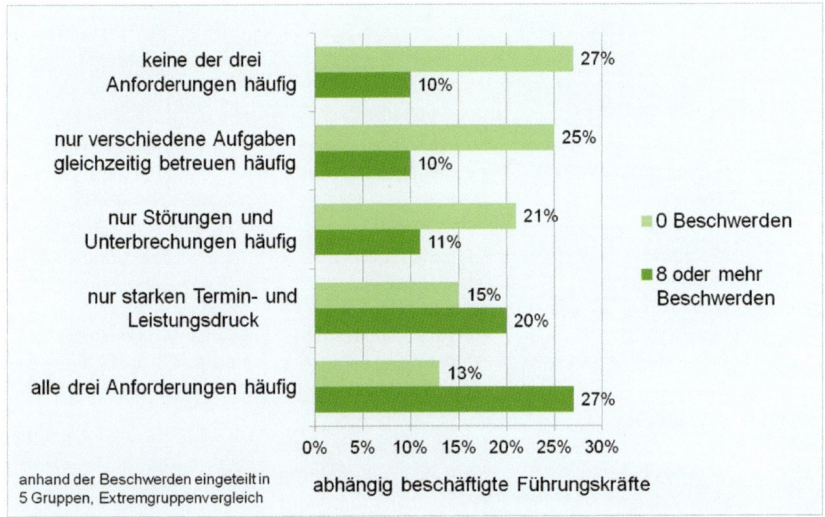

Quelle: In Anlehnung an Lohmann-Haislah (2012), S. 127.

Anhang 13: Dilemma der Führungsrolle

Quelle: In Anlehnung an Linde/Leyde (2010), S. 46.

Anhang 14: Aufbau und Beispielaussagen des Instruments Health-oriented Leadership

	Selbstführung Führungskraft	Mitarbeiterführung	
	Umgang der Führungskraft mit der eigenen Gesundheit	Selbsteinschätzung durch die Führungskraft	Fremdeinschätzung durch die Mitarbeiter
Gesundheits-bezogene Achtsamkeit	Ich merke sofort, wenn mit mir gesundheitlich etwas nicht stimmt.	Ich merke sofort, wenn mit meinen Mitarbeitern gesundheitlich etwas nicht stimmt.	Mein Vorgesetzter merkt sofort, wenn mit mir gesundheitlich etwas nicht stimmt.
Gesundheits-valenz	Es ist mir wichtig, die gesundheitlichen Belastungen an meinem Arbeitsplatz zu mindern und Risiken abzubauen.	Es ist mir wichtig, die gesundheitlichen Belastungen an den Arbeitsplatzen meiner Mitarbeiter zu mindern und Risiken abzubauen.	Es ist meinem Vorge-setzten wichtig, die gesundheitlichen Belastungen an meinem Arbeitsplatz zu mindern und Risiken abzubauen.
Gesundheits-bezogene Selbstwirk-samkeit	Ich weiß, wie ich übermäßiger Belastung vorbeugen kann.	Meine Mitarbeiter wissen, wie sie übermä-ßiger Belastung vorbeu-gen können.	
Gesundheits-verhalten	Ich versuche, meine Belastungen zu reduzieren, indem ich die eigene Arbeitsweise optimiere (z.B. Priorität-ten setzen, für ungestör-tes Arbeiten sorgen, Tagesplanung).	Ich sorge durch Verbes-serungen im Bereich *Arbeitsorganisation* dafür, dass die Belastun-gen meiner Mitarbeiter reduziert werden (z. B. Prioritäten setzen, für ungestörtes Arbeiten sorgen, Tagesplanung).	Mein Vorgesetzter sorgt durch Verbesserungen im Bereich *Arbeitsorga-nisation* dafür, dass meine Belastungen reduziert werden (z. B. Prioritäten setzen, für ungestörtes Arbeiten sorgen, Tagesplanung).

Quelle: In Anlehnung an Franke/Felfe (2011), S. 8.

Anhang 15: Zusammenhang des Umgangs mit der eigenen Gesundheit und der Gesundheit der Mitarbeiter

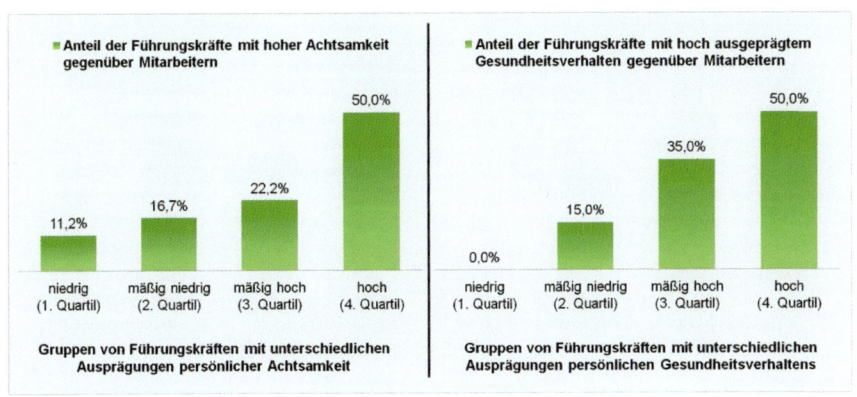

Quelle: In Anlehnung an Franke/Felfe (2011), S. 9.

Anhang 16: Modell betrieblicher Gratifikationskrisen

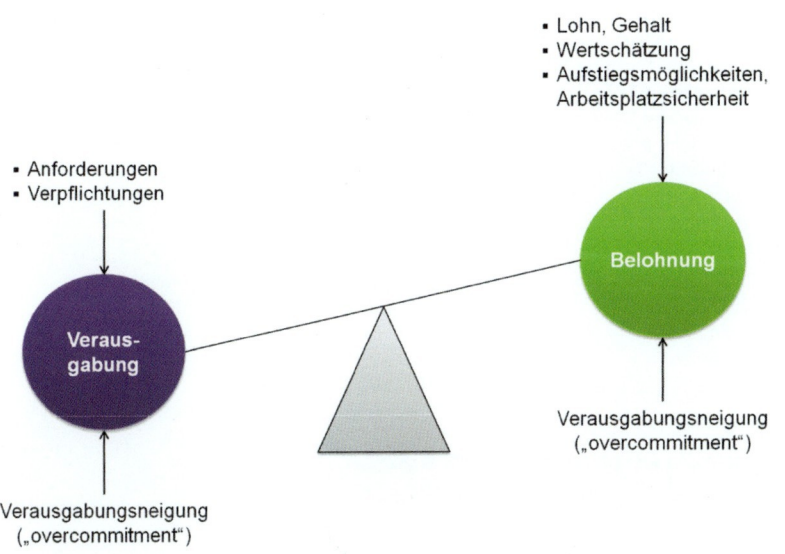

Quelle: Eigene Darstellung in Anlehnung an Siegrist (2003), S. 24.

Anhang 17: Gesundheitsförderliches Führen: Ansatzpunkte, Ziele und Maßnahmen

Ansatz-punkte	Führungsgrund-sätze ermitteln	Führungsstil	Führungs-techniken	Arbeitssituation gestalten
Ziele	▪ Führen mit Bezug auf Unterneh-mens- und Mitarbeiterziele ▪ Gesundheitsbe-wusstsein als Führungsaufgabe ▪ Prinzipien der Kooperation ▪ Gendering ▪ Diversity Ma-nagement	▪ Mitarbeiter und Partizipationsori-entierter Füh-rungsstil ▪ Kooperativer Führungsstil ▪ Veränderungsori-entierter Füh-rungsstil ▪ Führungscoaching ▪ Vertrauenserwe-ckender Füh-rungsstil ▪ Sensibilisierung für Gesundheits-fürsorge und -probleme	▪ Zielvereinbarung ▪ Einräumen von Beteiligungsmög-lichkeiten ▪ Verantwortung delegieren ▪ Umgang mit Konflikten ▪ Führen im Team ▪ Vorbildfunktion ▪ Regelmäßige Mitarbeitergesprä-che ▪ Feedback ▪ Anerkennung ▪ Mitarbeiterpoten-zialentwicklung ▪ Kompetenzent-wicklung	▪ Wünsche der Mitarbeiter einbeziehen Beeinflussbarkeit und Sinnhaftigkeit als Kriterien der Arbeitsgestaltung ▪ Motivations-/Anreizsysteme ▪ Partizipationsmög-lichkeiten geben ▪ Zeitpuffer einplanen, um Dauerstress vorzubeugen ▪ Selbststeuerung ermöglichen
Veran-kerung	Unternehmensleit-bild/Unternehmens grundsätze; Übernahme in OE-/PE-Leitlinien: Entwicklung eines Controlling-Systems	Kontinuierliche Überprüfung, ob Führungsgrundsät-ze „gelebt" werden; mitarbeitergerech-tes Führen als Kriterium der Führungskräf-teauswahl und -beurteilung	Rückkopplung mit den Führungs-grundsätzen	Rückkopplung mit den Führungs-grundsätzen
Maß-nahmen zur Imple-mentie-rung	Einrichtung von Gesundheitszirkeln; regelmäßige Check-ups	„Mitarbeiter-gerechtes Führen" als Bestandteil von Führungskräftese-minaren	Kontrollierte Trainings, Work-shops	Kontrollierte Trainings, Work-shops

Quelle: In Anlehnung an Spieß/Stadler (2007), S. 262.

116

Überfordernde Führung	
Quantitative Überforderung	Die Führungskraft überträgt ihren Mitarbeiter zu viele Aufgaben, setzt sie unter Zeitdruck und erwarten von ihnen ein hohes Arbeitstempo.
Qualitative Überforderung	Die Führungskraft überträgt ihren Mitarbeiter Aufgaben, die zu schwierig sind und sie inhaltlich überfordern.
Entwicklungsorientierte Führung	
Komplexität/ Variabilität	Die Führungskraft überträgt ihren Mitarbeiter Aufgaben, die den Einsatz von vielfältigen Fähigkeiten und Fertigkeiten erfordern und durch die sich die Mitarbeiter weiterentwickeln können.
Handlungsspielraum	Die Führungskraft erweitert die Handlungsspielräume ihrer Mitarbeiter. Sie lässt die Mitarbeiter selbst entscheiden, wie sie ihre Aufgaben bearbeiten und überträgt ihnen weitgehend die Planung, Ausführung und Kontrolle ihrer Arbeit
Partizipation	Die Führungskraft beteiligt ihre Mitarbeiter an der Gestaltung von Veränderungen sowie Entscheidungen, die ihre Arbeit oder Arbeitsplatzumgebung betreffen, und greift die Ideen und Vorschläge der Mitarbeiter auf.
Vertrauen in die Fähigkeiten der Mitarbeiter	Die Führungskraft zeigt Vertrauen in die Fähigkeiten und Handlungen ihrer Mitarbeiter und traut ihnen zu, dass sie eigenverantwortlich und selbstständig gute Leistung bringen.
Unterstützungsorientierte Führung	
Instrumentelle Unterstützung/ Information	Die Führungskraft ist ansprechbar, wenn Probleme bei der Arbeit auftreten und unterstützt ihre Mitarbeiter im Arbeitsprozess, wenn sie Schwierigkeiten haben. Sie informiert ausreichend und stellt stets alle zur Aufgabenerfüllung relevante Informationen zur Verfügung.
Klarheit/ Transparenz	Die Führungskraft erläutert Hintergründe von Entscheidungen und die zu erreichenden Ziele nachvollziehbar und verdeutlicht den Sinn bestimmter Aufgaben. Sie sorgt für eindeutige Zuständigkeiten und Verantwortlichkeiten, stellt sicher, dass die Mitarbeiter ihre Aufgaben verstanden haben und formuliert Aufgabenanforderungen und Erwartungen an ihre Mitarbeiter klar und deutlich.
Anerkennung/ Feedback	Die Führungskraft würdigt besonderes Engagement ihrer Mitarbeiter durch Lob und Anerkennung. Sie gibt regelmäßig Rückmeldung und lässt ihre Mitarbeiter wissen, wie gut sie ihre Arbeit machen.
Konfliktmanagement	Die Führungskraft spricht Konflikte an, sucht mit den Beteiligten nach Lösungen und führt bei Konflikten Lösungen herbei, die die verschiedenen Interessen berücksichtigen

Kooperation	Die Führungskraft ermutigt ihre Mitarbeiter, sich gegenseitig zu unterstützen, Probleme gemeinsam zu lösen und ihr Wissen untereinander auszutauschen.
Karriereunterstützung	Die Führungskraft fördert das berufliche Vorankommen ihrer Mitarbeiter, und berät sie, wie sie ihre beruflichen Ziele erreichen können.
Integrität/Fairness	Die Führungskraft geht offen und ehrlich mit ihren Mitarbeitern um und hält sich an Absprachen und Vereinbarungen. Sie achtete darauf, dass die Aufgaben der Mitarbeiter gerecht verteilt sind, und achtet auf Gleichbehandlung der Mitarbeiter.
Fürsorge	Die Führungskraft erkundigt sich nach dem Wohlergehen ihrer Mitarbeiter, ermutigt sie eine gute Balance zwischen Berufs- und Privatleben zu finden, spricht einzelne Mitarbeiter an, wenn sie den Eindruck hat, das sie überlastet sind und achtet darauf, dass Mitarbeiter zu Hause bleiben, wenn sie krank sind.

Quelle: In Anlehnung an Gregersen/Vincent-Höper/Nienhaus (2013), S. 35 f.

Anhang 19: Gesprächsempfehlungen im Umgang mit psychisch belasteten Mitarbeitern

Sicherheit geben

- Vertraulichkeit zusichern; deutlich machen, dass es sich um kein Kritikgespräch handelt

Nicht diagnostizieren und therapieren

- Keine Diagnosebegriffe nennen; versuchen den Mitarbeiter wirklich zu verstehen, gemeinsames Situations- und Problemverständnis anstreben

Verhaltensveränderungen mit genauen Beispielen belegen

- Z.B. „Ich nehme war, dass Sie seit einiger Zeit mit den anderen im Team nur noch sehr wenig reden." statt „Sie interessieren sich nicht mehr für die anderen."

Persönliche Sorge ausdrücken

- Keine Vorwürfe sondern verdeutlichen, dass das Verhalten des Mitarbeiters Sorge auslöst

Auf arbeitsrelevante Aspekte fokussieren

- Ausgangspunkt und Themenschwerpunkt auf Arbeitsumfeld legen.

Offene Fragen stellen

- Offene Fragen, die dem Mitarbeiter Raum geben, von sich zu erzählen und seine Gefühle auszudrücken – „Wie fühlen Sie sich momentan im Team? Was kostet besonders viel Kraft? Was gibt Ihnen Kraft? Was belastet Sie besonders?"

Langsames Gesprächstempo

- Pausen, keine langen Monologe, Wiederholungen

Emotional wahrgenommenes Spiegeln

- Zum Ausdruck bringen, was man vom Gegenüber versteht, welche Gefühle übermittelt werden, wie man non-verbale Signale erlebt

Unterstützungsangebote und weitere Schritte konkret vereinbaren

- Termin für weiteres Gespräch vereinbaren, an andere Anlaufstellen im Unternehmen verweisen (Sozialberater, Betriebsarzt, Personalabteilung)

Quelle: Eigene Darstellung in Anlehnung an Hölscher (2013), S. 66 f.

Gesprächsvorbereitungsbogen

Was ist der Anlass für das Gespräch?

1. Arbeitsleistung / -ergebnis

qualitativ: _____

quantitativ: _____

Leistungsschwankungen: _____

2. Grundarbeitsfähigkeit

Kann ich den Mitarbeiter zuverlässig einplanen? _____

Belastbarkeit? _____

3. Zusammenarbeit (früher / heute)

intern: _____

extern: _____

4. Verhaltensauffälligkeiten / Besonderheiten

Was haben Sie beobachtet? (keine Bewertung)

_____

_____

Haben Sie einzelne Punkte schon einmal angesprochen?

_____

_____

Hat es seitem Veränderungen gegeben? (wenn ja, welche?)

_____

_____

5. Ziel

Was möchten Sie mit diesem Gespräch erreichen?

_____

_____

Welche Veränderungen wünschen Sie sich?

_____

_____

Welche Veränderungen sind notwendig?

_____

_____

Warum ist dies erforderlich?

_____

_____

Welche Unterstützung können Sie Ihrem Mitarbeiter anbieten?

_____

_____

Was würden Sie als positives Ergebnis werten?

_____

_____

Welche Konsequenzen zieht dies nach sich?

_____

_____

Getroffene Vereinbarung

_____

_____

Notizen

_____

_____

Quelle: In Anlehnung an UK PT (2013), S. 11 f.

Anhang 21: Übersicht über verschiedene Coaching-Varianten

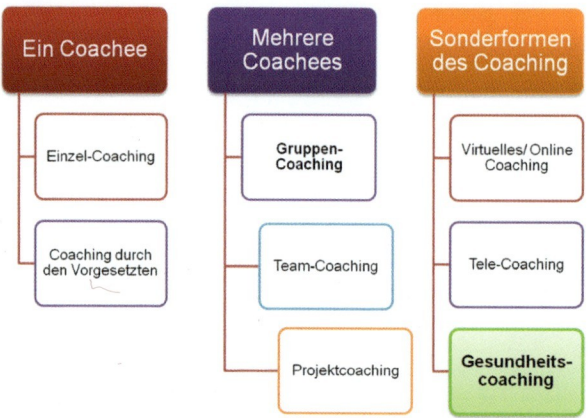

Quelle: Eigene Darstellung in Anlehnung an Rauen (2005), S. 125 ff.

Anhang 22: Ablaufübersicht der kollegialen Beratung

Phase	Dauer etwa	Was passiert?	Was ist das Ergebnis?	Wer trägt was dazu bei?
Casting	5 Minuten	Die Rollen werden besetzt: Moderator, Fallerzähler, Berater.	Fallerzähler, Berater und Moderator nehmen ihre Rollen ein.	Teilnehmer benennen ihre Anliegen, Moderator und Fallerzähler werden ausgewählt
Spontanerzählung	5-10 Minuten	Der Fallerzähler schildert die Situation, die ihn beschäftigt.	Alle Teilnehmer haben den Fall weitgehend verstanden.	Der Fallerzähler berichtet und wird dabei vom Moderator unterstützt.
Schlüsselfrage	5 Minuten	Der Fallerzähler benennt eine Schlüsselfrage.	Alle Teilnehmer haben die Schlüsselfrage des Fallerzählers verstanden.	Der Fallerzähler formuliert eine Schlüsselfrage und wird dabei vom Moderator unterstützt.
Methodenwahl	5 Minuten	Eine Methode aus dem Methodenpool wird ausgewählt.	Eine Methode zur Bearbeitung der Schlüsselfrage steht fest.	Der Moderator leitet die Auswahl an, Fallerzähler und Berater machen Vorschläge.
Beratung	10 Minuten	Die Methode findet ihre Anwendung, die Berater äußern ihre Ideen.	Der Fallerzähler hat Ideen und Anregungen gemäß der Methode erhalten.	Die Berater beraten im Stil der gewählten Methode, ein Sekretär schreibt mit.
Abschluss	5 Minuten	Der Fallerzähler resümiert das Gehörte und nimmt abschließend Stellung.	Die Kollegiale Beratung ist abgeschlossen.	Der Fallerzähler zieht Bilanz und bedankt sich.

Quelle: In Anlehnung an Tietze (2010), S. 60, 114.

Printed in Germany
by Amazon Distribution
GmbH, Leipzig